TRANSFORMAÇÃO DIGITAL E ADMINISTRAÇÃO PÚBLICA

"O futuro não é mais como era antigamente"

MARCOS NÓBREGA
Coordenador

TRANSFORMAÇÃO DIGITAL E ADMINISTRAÇÃO PÚBLICA
"O futuro não é mais como era antigamente"

Belo Horizonte

2024

© 2024 Editora Fórum Ltda.

É proibida a reprodução total ou parcial desta obra, por qualquer meio eletrônico, inclusive por processos xerográficos, sem autorização expressa do Editor.

Conselho Editorial

Adilson Abreu Dallari
Alécia Paolucci Nogueira Bicalho
Alexandre Coutinho Pagliarini
André Ramos Tavares
Carlos Ayres Britto
Carlos Mário da Silva Velloso
Cármen Lúcia Antunes Rocha
Cesar Augusto Guimarães Pereira
Clovis Beznos
Cristiana Fortini
Dinorá Adelaide Musetti Grotti
Diogo de Figueiredo Moreira Neto (*in memoriam*)
Egon Bockmann Moreira
Emerson Gabardo
Fabrício Motta
Fernando Rossi
Flávio Henrique Unes Pereira
Floriano de Azevedo Marques Neto
Gustavo Justino de Oliveira
Inês Virgínia Prado Soares
Jorge Ulisses Jacoby Fernandes
Juarez Freitas
Luciano Ferraz
Lúcio Delfino
Marcia Carla Pereira Ribeiro
Márcio Cammarosano
Marcos Ehrhardt Jr.
Maria Sylvia Zanella Di Pietro
Ney José de Freitas
Oswaldo Othon de Pontes Saraiva Filho
Paulo Modesto
Romeu Felipe Bacellar Filho
Sérgio Guerra
Walber de Moura Agra

FÓRUM
CONHECIMENTO JURÍDICO

Luís Cláudio Rodrigues Ferreira
Presidente e Editor

Coordenação editorial: Leonardo Eustáquio Siqueira Araújo
Aline Sobreira de Oliveira

Rua Paulo Ribeiro Bastos, 211 – Jardim Atlântico – CEP 31710-430
Belo Horizonte – Minas Gerais – Tel.: (31) 99412.0131
www.editoraforum.com.br – editoraforum@editoraforum.com.br

Técnica. Empenho. Zelo. Esses foram alguns dos cuidados aplicados na edição desta obra. No entanto, podem ocorrer erros de impressão, digitação ou mesmo restar alguma dúvida conceitual. Caso se constate algo assim, solicitamos a gentileza de nos comunicar através do *e-mail* editorial@editoraforum.com.br para que possamos esclarecer, no que couber. A sua contribuição é muito importante para mantermos a excelência editorial. A Editora Fórum agradece a sua contribuição.

Dados Internacionais de Catalogação na Publicação (CIP) de acordo com ISBD

T772	Transformação digital e Administração Pública: "o futuro não é mais como era antigamente" / Marcos Nóbrega. Belo Horizonte: Fórum, 2024. 176 p. 14,5x21,5cm
	ISBN 978-65-5518-649-9
	1. Tecnologia. 2. Transformação. 3. Disrupção. I. Nóbrega, Marcos. II. Título.
	CDD: 600
	CDU: 62

Ficha catalográfica elaborada por Lissandra Ruas Lima – CRB/6 – 2851

Informação bibliográfica deste livro, conforme a NBR 6023:2018 da Associação Brasileira de Normas Técnicas (ABNT):

NÓBREGA, Marcos (coord.). *Transformação digital e Administração Pública*: "o futuro não é mais como era antigamente". Belo Horizonte: Fórum, 2024. 176 p. ISBN 978-65-5518-649-9.

À Isabele, pelo amor incondicional. Alfredo, Luiza e Felipe, os maiores presentes que poderia me dar, com os agradecimentos pela infindável paciência e pelo apoio.

A Deus.

"Já não sou tão jovem para saber tudo".
Oscar Wilde

SUMÁRIO

O "MERCADO DA INFLUÊNCIA" E OS DESAFIOS DA REGULAÇÃO
Marcos Nóbrega, Diljesse de Moura Pessoa de Vasconcelos Filho......... 15
1   Introdução 15
2   O que é, afinal, o mercado da influência? 17
3   O mercado da influência: alguns aspectos econômicos 19
4   Desafios regulatórios: alguns apontamentos 24
5   Conclusão 27
       Referências 28

PACTA Sunt servanda 3.0: CONTEXTOS E DEMANDAS PARA A ERA DO *BLOCKCHAIN*
Felipe Melo França, Marcos Nóbrega 31
1   Introdução 31
2   A reputação 32
3   O Estado-garantidor 35
4   A *blockchain* 39
5   *Smart Contracts* 41
6   Contextos e demandas 45
6.1   Contexto e demanda por uma arquitetura de confiança algorítmica 45
6.2   Contexto e demanda por uma arquitetura de confiança transnacional 50
6.3   Contexto e demanda por uma arquitetura de confiança distribuída 52
6.4   Contexto e demanda por uma arquitetura de confiança instantânea 55
6.5   Contexto e demanda por uma arquitetura de confiança impessoal 57
7   Considerações finais 60
       Referências 61

SMART CONTRACTS OU "CONTRATOS INTELIGENTES": O DIREITO NA ERA DA BLOCKCHAIN

Marcos Nóbrega, Mariana Melo 65

1	Introdução	65
2	A inteligência dos novos contratos: entendendo os *smart contracts*	67
2.1	Os *smart contracts* são contratos?	67
2.2	*Smart contracts* e o Direito brasileiro	74
2.3	*Smart contract* poderia ser considerado um instrumento pré-legal?	76
2.4	Características dos *smart contracts*	78
2.5	*Smart contracts* e o custo da inflexibilidade	80
2.6	*Smart contract* e assimetria de informação	83
3	Um novo paradigma para o ajuste de vontades: a despersonalização do Direito Civil?	84
4	Analisando pelas consequências: *smart contracts* e a análise econômica do Direito	90
5	Considerações finais	94
	Referências	97

CRIPTOMOEDAS E MOEDAS DIGITAIS DOS BANCOS CENTRAIS: DESAFIOS E PERSPECTIVAS DA TRIBUTAÇÃO NO BRASIL

Marcos Nóbrega, Jose Roberto Afonso, Nubia Castilhos 101

1	Introdução	101
2	As criptomoedas	102
2.1	Definição de criptomoedas e mecanismo utilizado para sua circulação (emissão, validação e registro) – o *blockchain*	102
2.2	A natureza jurídica das criptomoedas	106
2.3	O tratamento tributário das criptomoedas	108
2.3.1	Tributação das criptomoedas na perspectiva do Imposto sobre a Renda	110
2.3.2	Tributação das criptomoedas na perspectiva do IVA	110
2.3.3	Tributação das criptomoedas na perspectiva de impostos sobre a propriedade	111
2.4	A tributação e a regulação das criptomoedas no Brasil ...	111
3	As moedas digitais dos bancos centrais	117
3.1	Elementos iniciais	117
3.2	Um breve panorama do estágio atual das CBDCs	122

3.3	O Brasil e as CBDCs	127
4	Conclusões	130
	Referências	132

TRIBUTAÇÃO NA ECONOMIA DIGITAL NO BRASIL E O CONFLITO DE COMPETÊNCIA 4.0: PERSPECTIVAS E DESAFIOS

Luiz Guilherme de Medeiros Ferreira, Marcos Nóbrega 135

1	Introdução	135
2	Materialidades constitucionais: comércio, serviços e indústria..	136
3	A digitalização da economia e a fluidificação dos conceitos. Da natureza intrínseca à funcionalidade extrínseca do objeto contratado	139
4	A digitalização da economia. O *bug* no processo interpretativo	142
4.1	A aplicação da norma	142
4.2	Aplicação do fato digital à norma analógica. A complexidade de aferição do fato digital	143
4.3	Aplicação da norma analógica ao fato digital. Tipicidade cerrada. Incompatibilidade e artificialismo interpretativo	144
5	Exemplo prático: o contrato de *blockchain* e outras ofertas	146
5.1	Consultoria	150
5.2	Desenvolvimento de sistema	152
5.2.1	ISS x ISS	152
5.2.2	ISS x PIS/Cofins	153
5.3	IOT	153
5.4	SAAS – usuário final	154
5.5	SAAS – Pagamento pelos direitos de distribuição	155
5.5.1	ISS – SAAS direitos de distribuição	155
5.5.2	ICMS – SAAS direitos de distribuição	156
5.5.2	União Federal – SAAS direitos de distribuição	156
6	Conclusão	157
	Referências	158

AS FORÇAS QUE MUDARÃO A ADMINISTRAÇÃO PÚBLICA PÓS-COVID: TRANSPARÊNCIA 2.0, *BLOCKCHAIN* E *SMART CONTRACTS*

Marcos Nóbrega, Juliano Heinen 159

1	Introdução	159
2	Relacionamento do Estado para com o cidadão	161
3	Estado-digital e *e-public*	164
4	Ordenação administrativa pós-crise	167

5	Conclusões	170
	Referências	172
SOBRE OS AUTORES		175

O "MERCADO DA INFLUÊNCIA" E OS DESAFIOS DA REGULAÇÃO

MARCOS NÓBREGA
DILJESSE DE MOURA PESSOA DE VASCONCELOS FILHO

1 Introdução

"O que você quer ser quando crescer", para além de um clássico assunto familiar com crianças e jovens, também pode ser um grande termômetro do Zeitgeist do mundo moderno. Se apenas algumas décadas atrás as respostas esperadas não divergiriam muito (advogados, engenheiras, um eventual bombeiro ou astronauta), hoje o cenário já é bastante diferente: pesquisas apontam que uma das profissões mais desejadas pelos jovens é a de "influenciador digital".[1] Há pesquisas que indicam que, no Brasil, até 75% dos jovens brasileiros querem ser influenciadores digitais.[2]

Não é de se estranhar que, em um mundo dominado por telas, em que a Internet é a nova televisão, e que mais de 20% das crianças

---

[1] Segundo pesquisa da Morning Consult, 57% dos jovens da Geração Z nos Estados Unidos (os nascidos entre 1997 e 2012) se tornariam influenciadores se tivessem oportunidade. Disponível em: https://pro.morningconsult.com/analyst-reports/influencer-marketing-trends-report?utm_source=mc_comms_outreach&utm_medium=mc_comms_referral&utm_campaign=influencer_report. No mesmo sentido, ver: https://www.theatlantic.com/newsletters/archive/2023/04/social-media-influencers-american-economy/673762/.

[2] Vide: https://cbn.globoradio.globo.com/media/audio/388899/75-dos-jovens-brasileiros-querem-ser-influenciador.htm

têm acesso à Internet antes dos 6 anos de idade,[3] elas deixem os sonhos espaciais de lado e passem a se espelhar nas celebridades virtuais a que assistem diariamente em seus *smartphones* e *tablets*.

O surgimento dessa nova forma de trabalho se insere no contexto maior da economia digital, da sociedade de informação, do modelo de serviços ponto a ponto, da economia do compartilhamento, da *gig economy* e tantas outras expressões que identificam esse período da história humana em que virtualmente qualquer pessoa com acesso à Internet pode produzir algum tipo de bem ou serviço de interesse de outrem, potencialmente auferindo algum retorno com isso.

A relevância econômica deste novo "mercado da influência" é incontestável. O impacto no mercado e no consumo de tais influenciadores é reconhecida pela indústria,[4] que vem ampliando o investimento nessa categoria publicitária, hoje com contornos de verdadeira espécie de mídia, com impacto econômico significativo e importância que, em determinados casos, rivaliza com os veículos tradicionais.[5]

Apesar do seu tamanho e crescimento, essa indústria ainda é pouco compreendida, mesmo porque – enquanto recente – encontra-se ainda em profundo desenvolvimento e transformação em tempo real.

Tal cenário não deixa de trazer preocupações para o mundo jurídico. Há uma miríade de questões a serem enfrentadas por juristas, reguladores e criadores de políticas públicas em todo o mundo. Por exemplo: como devem ser reguladas as atividades? Os influenciadores devem ser tratados como fornecedores ou consumidores? Há relações de emprego? Submetem-se às mesmas regras de publicidade em geral? Que nível de liberdade de opinião se pode ter? O debate em torno de tais questões encontra-se francamente aberto, não apenas no Brasil, como em todo o mundo, com propostas legislativas e regulatórias já em tramitação ou em vigor.

---

[3] Dados do Centro Regional de Estudos para o Desenvolvimento da Sociedade da Informação – Cetic.br. Disponível em: https://data.cetic.br/explore/?pesquisa_id=13&unidade=Crian%C3%A7as%20e%20Adolescentes.

[4] Estudo da Nielsen de 2021 aponta que 71% dos consumidores confiam na publicidade, opiniões e colocação de produtos de influenciadores. Disponível em: https://www.nielsen.com/pt/insights/2022/getting-closer-influencers-help-brands-build-more-personal-consumer-connections/.

[5] Estudo da Statista aponta que o mercado global de economia da influência atingiu U$ 21.1 bilhões em 2023. Disponível em: https://www.statista.com/statistics/1092819/global-influencer-market-size/.

Para responder a tais perguntas, afigura-se imprescindível entender o fenômeno da "economia da influência" como um verdadeiro mercado, suas dinâmicas, atores e relações. A partir daí, investigar quais os desafios da regulação em torno do tema, sempre considerando a realidade econômica. É o que se pretende no presente artigo. Espera-se, com isso, não obter as respostas, mas talvez fazer melhores perguntas.

2   O que é, afinal, o mercado da influência?

O *"marketing* de influência" não é propriamente uma novidade. Há décadas a indústria da publicidade já se utiliza de determinadas personalidades para emprestar credibilidade a determinados produtos, beneficiando-se do capital social de atrizes e atores, jornalistas, esportistas e outras celebridades.

No entanto, com a popularização das redes sociais digitais, há uma profunda modificação na forma pela qual a informação é utilizada, em especial para gerar demandas de mercado e vender bens e serviços. Passa-se então a referir-se aos chamados "influenciadores digitais", expressão que se refere àquelas pessoas – já famosas ou não – com algum tipo de audiência significativa e que passam a "endossar" bens, serviços e empresas, de forma intencional.

Esses indivíduos, normalmente focados em alguma categoria de produto, passam a produzir conteúdo de forma mais recorrente e tem seguidores engajados com suas criações e que confiam em suas recomendações. Tornam-se "influenciadores". E, com isso, atraem a atenção do *marketing*, que passa então a dar-lhes vantagens econômicas, diretas e indiretas, para endossar marcas, produtos, bandeiras.

Portanto, o elemento fundamental e definidor do conceito de "influenciador digital" não é propriamente a forma de remuneração (que é diversa) tampouco o tipo de conteúdo produzido, mas o elo de confiança e credibilidade criado entre influenciador e seu público e a capacidade de monetizar essa relação. E é justamente esse elemento de confiança que interessa às empresas, que sempre buscaram a criação de vínculos mais profundos entre marca e consumidor. Para o público, o influenciador é visto como alguém próximo, tangível, e, portanto, suas indicações são menos percebidas como anúncios.[6]

---

[6]   Pesquisas indicam que a "recomendação/opinião de influenciadores" é fator determinante na decisão de compra para 71% das pessoas, valor bastante próximo ao da "recomendação

Os influenciadores podem atuar em segmentos diversos. E o tamanho total da indústria escolhida tem relação com a relevância do influenciador dentro daquele segmento ou até com sua caracterização como influenciador. Em mercados como o de jogos eletrônicos, que contam com audiências significativas,[7] um influenciador precisa ter talvez centenas de milhares de seguidores para se tornar relevante, o que pode não ser necessário em mercados de nicho.

Ainda quanto ao tamanho da audiência, o mercado costuma classificar os influenciadores entre nano-influenciadores (1.000 a 10.000 seguidores), microinfluenciadores (10.000 a 500.000), macroinfluenciadores (500.000 a 1 milhão) e megainfluenciadores (mais de 1 milhão de seguidores). Sobre este ponto, importa destacar que o mercado vem observando uma crescente importância dos nano e microinfluenciadores, os quais vem sendo cada vez mais procurados por anunciantes,[8] muitas vezes obtendo retornos proporcionalmente mais altos, o que inclusive poderia parecer contraintuitivo à primeira vista, como adiante abordado.

Seja qual for o tamanho da audiência, ponto central é a capacidade de obter retorno econômico por meio da produção de conteúdo na rede social, o que pode se dar de formas diversas, e novas continuam a surgir. Há o *marketing* de afiliados, no qual o influenciador recebe um valor por compra realizada pelos seus seguidores (por meio de um link ou uso de cupom). Ainda, a clássica permuta, em que o influenciador é remunerado pelo próprio recebimento de bens ou serviços do anunciante. A forma clássica é, contudo, o simples pagamento pelo endosso por meio de um anúncio, atuando o influenciador como uma espécie de embaixador da marca. Com a evolução das plataformas e do mercado, esses modelos vão se tornando cada vez mais complexos, com os influenciadores se tornando cada vez mais criadores de produtos próprios.

Os influenciadores digitais constituem, portanto, um verdadeiro mercado. Não à toa, jovens são cada vez mais atraídos pela possibili-

---

de pessoas conhecidas", que atinge 89%. Vide: https://www.nielsen.com/pt/insights/2022/getting-closer-influencers-help-brands-build-more-personal-consumer-connections/

[7] GOANTA, Catalina; RANCHORDÁS, Sofia. *The regulations of social media influencers*. Northampton: Elga Law, Technology and Society, 2020. p. 6.

[8] Vide: https://www.theguardian.com/commentisfree/2018/nov/14/rise-nano-influencer-brands-celebrities-youtube-instagram.

dade de viver como influenciador e obter ganhos significativos, em um movimento novo, ainda a ser totalmente compreendido.

3 O mercado da influência: alguns aspectos econômicos

Uma das formas de se compreender determinado aspecto da vida econômica consiste em elaborar um "modelo", que consiste basicamente em uma representação ideal, simplificada, que ajuda no entendimento de um sistema real mais complexo. Recentemente, a literatura econômica vem explorando a temática do mercado da influência, construindo modelos e análises que auxiliam no entendimento do funcionamento do mercado, quem são seus agentes, como estes tomam decisões e, principalmente, quais as consequências dessas decisões para os próprios agentes e para o mercado como um todo. Tais análises devem ser consideradas pela regulação, mais ainda por se tratar de um novo mercado, baseado em plataformas digitais, que ainda está em franco desenvolvimento.

No mercado da influência, basicamente coexistem e interagem entre si três grupos de agentes: (i) vendedores ou anunciantes, que são as empresas que desejam vender seus produtos e serviços; (ii) influenciadores, que se utilizam da sua credibilidade perante a audiência para indicar bens ou serviços para os consumidores; (iii) os próprios consumidores, que escolhem influenciadores para acompanhar, levando em consideração sua afinidade de estilo, e eventualmente adquirem produtos por eles indicados. Ainda, tais agentes interagem basicamente por meio de uma plataforma digital (uma rede social, por exemplo o Instagram ou Facebook), que, em grande parte, atua como um novo agente, também com interesses próprios, seja na obtenção de dados ou diretamente na cobrança de valores em contrapartida à exposição de conteúdo, atuando como verdadeiro veículo de mídia.

Tais agentes interagem entre si tanto no mercado dos produtos propriamente ditos, quanto no mercado de trabalho dos influenciadores. Há ainda o mercado das próprias plataformas, mas, para fins de modelagem da interação entre os demais agentes (influenciadores, vendedores e consumidores) e adequado estabelecimento das premissas, normalmente este não é considerado.

Os vendedores dependem dos influenciadores para vender seus produtos aos consumidores. Os consumidores, por sua vez, consomem os bens indicados pelos influenciadores e vendidos pelos vendedores, sendo que a utilidade obtida pelos consumidores depende não apenas da qualidade do produto em si, mas também dos aspectos sociais (estilo, *status*, identidade) que os aproximam dos influenciadores e que são por estes utilizados em seus conteúdos, bem como da qualidade do conteúdo apresentado: sua capacidade de escrita, de fotografia, produção de vídeo, entendimento das tendências do mercado. Enfim, tudo que gere algum tipo de benefício ao consumidor.

Nesse ponto, as plataformas exercem um papel importantíssimo, por meio dos seus algoritmos, de *matchmaking* entre influenciadores e consumidores. Embora à primeira vista possa se pensar que os grandes influenciadores terão tendência a capturar sempre mais audiência, isso não ocorre em função dos algoritmos de distribuição de conteúdo, gerando uma espécie de "fricção" relacionada aos diferentes aspectos tecnológicos que regulam a apresentação de influenciadores a novos seguidores.

Uma melhora na eficiência desses mecanismos de distribuição gera pressões competitivas entre os influenciadores, pois uma pequena melhoria na utilidade que eles fornecem aos seus seguidores gera uma grande diferença na sua base de audiência. Como consequência, há uma redução na distribuição de conteúdo pago e um direcionamento maior para os grandes influenciadores. Ambas as forças fazem com que haja um ganho de bem-estar geral dos influenciadores e de utilidade geral obtida, em detrimento dos microinfluenciadores.[9]

Obviamente, é possível imaginar que, para as plataformas, pode não ser interessante diminuir a utilização de conteúdo pago, tampouco diminuir a importância dos microinfluenciadores, razão pela qual pode ser útil manter um certo nível de fricção deliberada da distribuição de conteúdo, forçando os influenciadores a "pagar" para obter uma melhora direcionada na distribuição. Não à toa, os marqueteiros vêm observando a cada vez maior necessidade de utilização de mecanismos de distribuição paga (tráfego pago) para obter audiências e engajamen-

---

[9] FAINMESSER, Itay Perah; GALEOTTI, Andrea. *The market for online influence*. Johns Hopkins Carey Business School Research, Baltimore, jun. 2019. Disponível em: https://papers.ssrn.com/sol3/papers.cfm?abstract_id=3207810. Acesso em: 21 out. 2023. p. 4.

tos antes obtidos,[10] bem como a "fuga" para novas plataformas, como o TikTok, que prometem algoritmos mais refinados.[11]

Simplificando as interações, pode-se dizer que, sequencialmente, (a) os influenciadores escolhem um tipo de influência em que se posicionarão; (b) os vendedores fazem decisões de produção; (c) os vendedores escolhem e contratam os influenciadores no mercado de mão-de-obra; e, por último, (d) os consumidores escolhem quais influenciadores seguir e consomem os produtos por eles indicados.

Os influenciadores têm distintos perfis: estilos, cultura, origem socioeconômica, número de seguidores. Há macroinfluenciadores e microinfluenciadores. De forma geral, os microinfluenciadores podem cobrar maiores remunerações por explorar a afinidade com seus seguidores e sua credibilidade com sua audiência fiel,[12] proporcionalmente ao número de seguidores. Assim, "o preço do *post* por visualizador" decresce com o total de seguidores.[13] Por exemplo, um influenciador com 100.000 seguidores frequentemente recebe um preço maior do que a metade do valor recebido por outro influenciador com 200.000 seguidores. Trata-se um fenômeno interessante e oposto ao que ocorre na mídia convencional.

O valor do influenciador não reside, contudo, apenas no aspecto quantitativo do seu alcance ou número de seguidores, uma vez que parte significativa da sua importância reside no acesso "exclusivo" a determinados consumidores. Tal constatação ainda destaca a importância dos influenciadores de nicho, bem como ressalta os papeis defensivo e ofensivo da estratégia de influência, isto é, de que a contratação do influenciador pode ter por motivação não apenas o ganho de alcance adicional a determinados consumidores, mas também evitar que um competidor alcance esse mesmo público.[14]

---

[10] Vide: https://www.fastcompany.com/90854357/instagram-engagement-down-brands-why-tiktok-posts.

[11] Vide: https://www.theguardian.com/technology/2023/sep/12/techscape-tiktok-algorithm-social-media-war-facebook-instagram-youtube.

[12] CONG, Lin William; LI, Siguang. *A model of influencer economy*. 2021. Disponível em: https://papers.ssrn.com/sol3/papers.cfm?abstract_id=3975727. Acesso em: 21 out. 2023. p. 10.

[13] FAINMESSER, Itay Perah; GALEOTTI, Andrea. *The market for online influence*. Johns Hopkins Carey Business School Research, Baltimore, jun. 2019. Disponível em: https://papers.ssrn.com/sol3/papers.cfm?abstract_id=3207810. Acesso em: 21 out. 2023.

[14] KATONA, Zsolt. *Competing for influencers in a social network*, 2018. Disponível em: http://dx.doi.org/10.2139/ssrn.2335659. Acesso em: 21 out. 2023.

Avanços tecnológicos, que permitam um maior alcance dos influenciadores, inicialmente geram efeitos benéficos, mas podem gerar efeitos adversos quando os influenciadores fiquem demasiadamente poderosos, evidenciando um padrão não monotônico. Quando é custoso ativar a influência, os avanços tecnológicos geram uma situação de benefício tanto para os anunciantes quanto para os influenciadores, considerando que a nova tecnologia permite aos influenciadores aumentar sua base de seguidores e a competição ainda é mínima. Como resultado, há um aumento total na receita, melhorando a lucratividade do anunciante e a renda do influenciador.

No entanto, quando a tecnologia se torna comum e suficientemente barata, e os influenciadores já são grandes, estes se tornam substituíveis uns pelos outros, possibilitando que o anunciante utilize seu poder de barganha para pagar menos aos influenciadores. Assim, a tecnologia sempre beneficia os anunciantes, mas pode prejudicar os influenciadores a partir de determinado momento, quando o mercado de influência já está povoado.[15] Além disso, quando o alcance expande demasiadamente, a maioria dos consumidores estará sendo atingida por múltiplos influenciadores, o que reduz o lucro das empresas em um mercado competitivo, evidenciando um efeito negativo da busca pela ampliação do alcance.[16]

Aponta a literatura econômica[17] ainda uma interessante função dos influenciadores com relação à diferenciação horizontal (tipo) de produtos. A diferenciação se refere ao ato de desenhar uma ou mais diferenças expressivas, para distinguir a oferta do vendedor em relação às ofertas dos concorrentes, buscando diminuir a concorrência. Em específico, a diferenciação horizontal é aquela onde os produtos não podem ser considerados melhores nem piores, dependendo a escolha exclusivamente do consumidor. Portanto, está também bastante relacionada com os atributos da marca e a capacidade de criação de vínculo, do que igualmente decorre a importância dos influenciadores nesse quesito, como construtores de conexões.

---

[15] CONG, Lin William; LI, Siguang. *A model of influencer economy*. 2021. Disponível em: https://papers.ssrn.com/sol3/papers.cfm?abstract_id=3975727. Acesso em: 21 out. 2023. p. 12.

[16] KATONA, Zsolt. *Competing for influencers in a social network*. 2018. Disponível em: http://dx.doi.org/10.2139/ssrn.2335679. Acesso em: 21 out. 2023.

[17] CONG, Lin William; LI, Siguang. *A model of influencer economy*. 2021. Disponível em: https://papers.ssrn.com/sol3/papers.cfm?abstract_id=3975727. Acesso em: 21 out. 2023. p. 17.

Apontam as evidências que a diferenciação de estilo dos influenciadores substitui a diferenciação horizontal dos produtos para fins de ganho de competitividade. Isto é, havendo uma dispersão suficientemente ampla de estilos de influenciadores, as firmas não têm interesse em fazer diferenciação horizontal dos produtos, pois os influenciadores já cumprem o propósito de diminuir a competição para aquele item. Essa conclusão é interessante, pois questiona o paradigma econômico da máxima diferenciação como forma de obtenção de vantagem competitiva e eliminação de concorrência.

Outro aspecto a ser notado diz respeito à questão da exclusividade na relação vendedor-influenciador. Aponta a doutrina econômica que os arranjos ótimos dependem de um arranjo de exclusividade mútuo: ou ambos (influenciador e vendedor) podem contratar com múltiplas partes, ou ambos são exclusivos.[18]

Ainda, novas indústrias igualmente oferecem novas oportunidades de conluio entre diferentes atores, inclusive aproveitando-se da fraca regulação, e, com o mercado de influência, não é diferente. No caso dos influenciadores, seu pagamento não é costumeiramente feito com base no sucesso da campanha, mas definido previamente com base no seu alcance e engajamento, o que cria incentivos para comportamento fraudulento, como inflar artificialmente a audiência e engajamento. Por exemplo, formando um cartel de influenciadores em que estes engajam com os conteúdos uns dos outros, buscando internalizar e beneficiar-se mutuamente do "efeito carona".[19]

Curiosamente, um eventual cartel de influenciadores pode gerar tanto efeitos positivos quanto negativos para o bem-estar geral.[20] Se o cartel é formado por influenciadores com estilos similares, o conluio pode beneficiar não apenas os próprios influenciadores, mas também consumidores e anunciantes, com o ganho de relevância do conteúdo temático. Por outro lado, em caso de influenciadores sem afinidade de estilo, consumidores e anunciantes são prejudicados, pois o conteúdo

---

[18] CONG, Lin William; LI, Siguang. *A model of influencer economy*. 2021. Disponível em: http://papers.ssrn.com/sol3/papers.cfm?abstract_id=3975727. Acesso em: 21 out. 2023. p. 24.

[19] A principal distorção no mercado de influenciadores advém do chamado "efeito carona", pois engajar com outros influenciadores traz atenção para o conteúdo destes, gerando uma externalidade positiva. No cartel, tal efeito pode ser mitigado, internalizando dentro do grupo do cartel essa externalidade.

[20] HINNOSAAR, Marit; HINNOSAAR, Toomas. *Influencer cartels*. 2022. Disponível em: http://dx.doi.org/10.2139/ssrn.3786617. Acesso em: 21 out. 2023.

passa a ser apresentado a consumidores sem afinidade com o tema. Questão importante é ainda o fato de que a avaliação se um cartel é positivo ou negativo é basicamente empírica e depende de como o algoritmo da rede social é construído, o que ressalta igualmente a importância da plataforma.

4 Desafios regulatórios: alguns apontamentos

Como os pontos acima elencados evidenciam, a tarefa de regular o mercado da influência está longe de ser trivial. A dinâmica desse mercado apresenta aspectos muitas vezes contraintuitivos e que evidenciam efeitos indesejados da intervenção regulatória. A isso some-se o fato de ser uma indústria em desenvolvimento, o que por si só já eleva o nível de dificuldade do regulador.

Uma primeira área de regulação potencial diz respeito à transparência do conteúdo pago e à necessidade de que os influenciadores evidenciem claramente conteúdos patrocinados, de forma a proteger o interesse dos consumidores, mitigando assimetrias informacionais. Esse é o caminho adotado pela regulação americana e europeia, que exigem a indicação expressa de qualquer vínculo entre anunciante e influenciador. A título exemplificativo, o Comitê Econômico e Social Europeu considera como elementos fundamentais da regulação que as legislações dos países obriguem os influenciadores a identificar a natureza publicitária das mensagens com fins comerciais, com indicações e avisos claros, "evitando a publicidade oculta" e sujeitando essas mensagens "às regras de publicidade setoriais".[21] Nos Estados Unidos, a Federal Trade Commission – FTC, inclusive, já vem adotando medidas judiciais contra influenciadores que deixaram de fazer a indicação, bem como notificando centenas de outros.[22]

Ocorre que os influenciadores devem manter um adequado balanço entre conteúdo orgânico e pago, de forma que possam manter sua remuneração sem perder seguidores, sendo esse *trade-off* a principal fonte de competição entre os influenciadores.[23] Isso porque

---

[21] BATALLER, Bernardo Hernández. Publicidade através de influenciadores e respectivo impacto nos consumidores. Parecer. Comitê Econômico e Social Europeu. Jul. 2023.

[22] Vide: https://www.ftc.gov/business-guidance/blog/2017/09/three-ftc-actions-interest-influencers.

[23] Vide: https://www.london.edu/think/how-transparency-is-damaging-social-media-marketing.

os influenciadores precisam manter sua credibilidade como pessoas próximas do "cidadão comum", que é exatamente o traço que diferencia a natureza do influenciador dos tradicionais tipos de *marketing* por influência com celebridades ou outras pessoas famosas. Ao fazer apenas conteúdos publicitários explícitos, o influenciador corre o risco de que a percepção de sua imagem seja prejudicada junto à audiência, que passa a não mais enxergar vínculo. A capacidade do influenciador de balancear a necessidade financeira com a manutenção de seu capital social, tornando "naturais" as suas indicações comerciais, é o que diferencia a capacidade de engajamento e, consequentemente, o valor do influenciador.

A indicação obrigatória dos anúncios remove esse *trade-off*, fazendo com que os influenciadores não precisem se preocupar mais com essa "discrição", podendo simplesmente evidenciar que seu conteúdo é publicitário. Como consequência, os seguidores passam a ignorar os anúncios. Mesmo assim, uma vez que a indicação é obrigatória e generalizada no mercado, os influenciadores se sentem mais confortáveis em anunciar mais, sem o risco de perder seguidores, os quais se tornam "insensíveis" aos anúncios. Como resultado, a utilidade dos influenciadores cai, prejudicando o bem-estar coletivo. Contraintuitivamente, portanto, a regulação teria o condão de prejudicar o próprio mercado, com danos aos consumidores e influenciadores. Alguns estudos[24] começam a identificar evidências desse efeito deletério da regulação.

Outros estudos apontam[25] ainda que a indicação expressa da publicidade acaba por gerar uma queda nos índices gerais de engajamento e na intenção de compra, tornando menos eficaz essa espécie de mídia publicitária e prejudicando o mercado como um todo e, consequentemente, gerando um resultado ineficiente do ponto de vista do bem-estar social.

Outro aspecto regulatório desafiador diz respeito à questão de determinados conteúdos "problemáticos": bebidas alcoólicas, cigarro e outros conteúdos impróprios para menores ou com alto potencial lesivo, tema que, como apontado acima, é de alta relevância, por exemplo, para

---

[24] FAINMESSER, Itay Perah; GALEOTTI, Andrea. *The market for online influence*. Johns Hopkins Carey Business School Research, Baltimore, jun. 2019. Disponível em: https://papers.ssrn.com/sol3/papers.cfm?abstract_id=3207810. Acesso em: 21 out. 2023.

[25] CHUNG, Y. J; LEE, S. S.; KIM, E. The effects of influencer types and sponsorship disclosure in Instagram sponsored posts. *Journal of Current Issues & Research in Advertising*, 44:2, 193-211, DOI: 10.1080/10641734.2022.2155891.

a União Europeia. Nesse tema, para além das obrigações dos próprios influenciadores, existe ainda um destacado papel das plataformas no direcionamento e restrição do conteúdo. No caso de crianças, há ainda preocupação quanto à própria eficácia da indicação de que se trata de uma publicidade, considerando o nível de cognição da idade. Há publicações que defendem ser necessária a proibição completa de qualquer tipo de conteúdo *online* nessas áreas sensíveis,[26] o que igualmente traz consigo a dificuldade de distinguir aquilo que é conteúdo orgânico, do dia a dia do influenciador, do que se enquadraria como promocional.

Fator relevante é ainda o papel das plataformas dentro desse contexto, criando mecanismos que facilitem ou imponham aos influenciadores uma correta indicação da natureza publicitária ou não dos conteúdos produzidos, bem como limitando ou restringindo a distribuição de determinados conteúdos setoriais para segmentos do público, de forma a respeitar a legislação de publicidade setorial. Tal ponto apresenta dificuldades específicas diversas, tanto na capacidade de implementação efetiva pelas plataformas (por exemplo, usuários que burlam o sistema de idade) quanto na identificação do que de fato é conteúdo sensível. Há, ainda, a questão da responsabilização das plataformas. A União Europeia tem direcionado seus esforços para torná-las solidariamente responsáveis.

Adicionalmente, como visto acima, as plataformas se inserem ainda em um outro problema regulatório, relativo à distribuição do conteúdo, através do algoritmo proprietário. Como visto acima, uma melhora geral na eficiência da distribuição faz com que os consumidores sejam direcionados aos maiores influenciadores, prejudicando os chamados microinfluenciadores. Esse ponto se relaciona com a transparência do algoritmo (ao menos dos seus principais fatores de decisão), que é igualmente um dos pontos centrais da regulação europeia, a partir do Digital Markets Act.

No Brasil, o Projeto de Lei nº 2.347/2022 pretende regulamentar a profissão de Influenciador Digital Profissional, sem, contudo, enfrentar nenhum dos desafios apresentados. A nível mais específico, contudo, a Comissão de Valores Mobiliários – CVM produziu estudo a partir da metodologia da Análise de Impacto Regulatório – AIR com vistas a abordar o custo-benefício da edição de regramento para ampliar a

---

[26] Vide: https://www.beuc.eu/sites/default/files/publications/BEUC-X-2023-093_From_influence_to_responsibility_Time_to_regulate_influencer-marketing.pdf

transparência da relação comercial entre tais influenciadores e participantes do mercado de valores mobiliários. No estudo, apontou-se a necessidade de concessão de transparência em quaisquer contratos de publicidade e divulgação de valores mobiliários celebrados entre os regulados por esta CVM e aqueles denominados influenciadores digitais.

Como se nota, portanto, o tema do mercado da influência ainda carece de maiores aprofundamentos pela ciência jurídica, que deve acompanhar os esforços que começam a ser empreendidos também pela ciência econômica, a fim de entender a dinâmica do mercado, seus atores e relações, a fim de que se produza uma regulação eficaz e dentro do necessário ao atingimento de um funcionamento sadio do mercado em questão.

5 Conclusão

A sociedade da informação e o virtualmente universal acesso à Internet e novas tecnologias trouxe consigo o surgimento de novos hábitos, relações e, como não podia deixar de ser, novas formas de criação de valor para a sociedade, possibilitando o surgimento de formas de trabalho inéditas até então. É o caso dos influenciadores digitais, atividade que ganha extrema relevância a partir da popularização das plataformas de mídia social e que hoje ganha contornos de verdadeiro "mercado da influência".

Consigo, tais evoluções trazem desafios ao mundo jurídico. A sociedade passa a demandar algum tipo de intervenção jurídica ou regulatória e, nesse contexto, assim vem procedendo alguns países, tendo como principal exemplo a União Europeia e a recente criação do marco legal dos mercados digitais, dentro do qual se insere a atividade dos influenciadores digitais, compreendidos como tais aqueles produtores de conteúdo, com algum tipo de audiência fiel, que passam a atuar de forma recorrente com o objetivo de indicar bens, empresas e serviços para sua audiência, e, com isso, auferir algum tipo de retorno financeiro.

No entanto, referido mercado encontra-se ainda em franco desenvolvimento, o que torna mais complexa a atuação estatal. Ainda assim, já é possível identificar algumas de suas características e da sua dinâmica de funcionamento. Na literatura econômica, começam a ser produzidos modelos que permitem a melhor compreensão das escolhas dos agentes envolvidos (vendedores, influenciadores, consumidores e plataforma), bem como das consequências dessas decisões.

Algumas conclusões da economia nos permitem afirmar que a tarefa de regulação do mercado da influência está longe de ser trivial. O comportamento do mercado se mostra, em determinados aspectos, contraintuitivo, demonstrando que a compreensão do seu real funcionamento, mediante auxílio da análise econômica, é imprescindível para a melhor regulação.

Apesar das diferentes nuances, o principal debate regulatório do tema ainda se restringe à questão da divulgação clara, pelo influenciador, de que o conteúdo é de natureza publicitária, questão que, embora seja efetivamente relevante, representa apenas uma das questões problemáticas, o que demonstra ainda o caráter incipiente do debate, mesmo no exterior e, mais ainda, no Brasil, onde o tema ainda engatinha.

Referências

APROXIMANDO-SE: Influenciadores ajudam as marcas a construir conexões mais pessoais de consume. *Nielsen*, maio 2022. Disponível em: https://www.nielsen.com/pt/insights/2022/getting-closer-influencers-help-brands-build-more-personal-consumer-connections/. Acesso em: 21 out. 2023.

BATALLER, Bernardo Hernández. *Publicidade através de influenciadores e respectivo impacto nos consumidores*. Parecer. Comitê Econômico e Social Europeu. Jul. 2023.

BERGER, Steven. *From influence to responsibility*: time to regulate influencer marketing. The European Consumer Organisation. Jul. 2023. Disponível em: https://www.beuc.eu/sites/default/files/publications/BEUC-X-2023-093_From_influence_to_responsibility_Time_to_regulate_influencer-marketing.pdf. Acesso em: 21 out. 2023.

CONG, Lin William; LI, Siguang. *A model of influencer economy*. 2021. Disponível em: https://papers.ssrn.com/sol3/papers.cfm?abstract_id=3975727. Acesso em: 21 out. 2023.

CHUNG, Y. J.; LEE, S. S.; KIM, E. The effects of influencer types and sponsorship disclosure in Instagram sponsored posts. *Journal of Current Issues & Research in Advertising*, 44:2, 193-211. Disponível em: https://www.tandfonline.com/doi/full/10.1080/10641734.2022.2155891. Acesso em: 21 out. 2023.

DENCHEVA, Valentina. *Influencer marketing market size worldwide from 2016 to 2023* (in billion U.S. dollars). Fevereiro, 2023. Disponível em: https://www.statista.com/statistics/1092819/global-influencer-market-size/. Acesso em: 21 out. 2023.

FAINMESSER, Itay Perah; GALEOTTI, Andrea. *The market for online influence*. Johns Hopkins Carey Business School Research, Baltimore, jun. 2019. Disponível em: https://papers.ssrn.com/sol3/papers.cfm?abstract_id=3207810. Acesso em: 21 out. 2023.

FAIR, Lesley. *Three FTC actions of interest to influencers*. Federal Trade Commission. 7 set. 2017. Disponível em: https://www.ftc.gov/business-guidance/blog/2017/09/three-ftc-actions-interest-influencers. Acesso em: 21 out. 2023.

GALEOTTI, Andrea; FAINMESSER, Itay. How transparency is damaging social media marketing. *Think*: London Business School. 20 nov. 2018. Disponível em: https://www.london.edu/think/how-transparency-is-damaging-social-media-marketing. Acesso em: 21 out. 2023.

GOANTA, Catalina; RANCHORDÁS, Sofia. The regulations of social media influencers. *Northampton: Elgar Law, Technology and Society*, 2020.

GODWIN, Richard. *The rise of the nano-influencer*: how brands are turning to common people. The Guardian, 2018. Disponível em: https://www.theguardian.com/commentisfree/2018/nov/14/rise-nano-influencer-brands-celebrities-youtube-instagram. Acesso em: 21 de out. 2023.

GIUFFREDI-KAHR, Andrea; PETROVA, Alisa; MALAR, Lucia. *Sponsorship disclosure of influencers*: a curse or a blessing? Journal of Interactive Marketing, p. 18-34, fev. 2022. Disponível em: https://doi.org/10.1177/10949968221075686. Acesso em: 21 out. 2023.

HE, Amy *et al*. Report: how brands can succeed at influencer marketing. Morning Consult, 2023. Disponível em: https://pro.morningconsult.com/analyst-reports/influencer-marketing-trends-report?utm_source=mc_comms_outreach&utm_medium=mc_comms_referral&utm_campaign=influencer_report. Acesso em: 21 out 2023.

HINNOSAAR, Marit; HINNOSAAR, Toomas. *Influencer cartels*. 2022. Disponível em: http://dx.doi.org/10.2139/ssrn.3786617. Acesso em: 21 out. 2023.

HU, Katherine. *The influencer economy is warping the American dream*. The Atlantic, 2023. Disponível em: https://www.theatlantic.com/newsletters/archive/2023/04/social-media-influencers-american-economy/673762/. Acesso em: 21 out. 2023.

KATONA, Zsolt. *Competing for influencers in a social network*. 2018. Disponível em: http://dx.doi.org/10.2139/ssrn.2335679. Acesso em: 21 out. 2023.

KYRILLOS, Leny. Cerca de 75% dos jovens brasileiros querem ser influenciadores digitais. CBN, 2022. Disponível em: https://cbn.globoradio.globo.com/media/audio/388899/75-dos-jovens-brasileiros-querem-ser-influenciador.htm. Acesso em: 21 out. 2023.

LINDSAY, Kate. TechScape: TikTok took over social media with its uncanny algorithm – but at what cost? The Guardian. 12 set. 2023. Disponível em: https://www.theguardian.com/technology/2023/sep/12/techscape-tiktok-algorithm-social-media-war-facebook-instagram-youtube. Acesso em: 21 out. 2023.

NAVARRO, J. G. Demographic profile of influencers in Brazil as of February 2022. Statista. 22 de maio de 2023. Disponível em: https://www.statista.com/statistics/1308547/influencers-brazil/. Acesso em: 21 out. 2023.

POSSA, Julia. Carreira de influenciador e o novo "quando crescer quero ser jogador de futebol". UOL, 2023. Disponível em: https://gizmodo.uol.com.br/carreira-de-influenciador-e-o-novo-quando-crescer-quero-ser-jogador-de-futebol/. Acesso em: 21 out. 2023.

ZARA, Cristopher. *Brands have an Instagram engagement problem, and it's getting worse.* Fast Company. 22 fev. 2023. Disponível em: https://www.fastcompany.com/90854357/instagram-engagement-down-brands-why-tiktok-posts. Acesso em: 21 out. 2023.

Informação bibliográfica deste texto, conforme a NBR 6023:2018 da Associação Brasileira de Normas Técnicas (ABNT):

NÓBREGA, Marcos; VASCONCELOS FILHO, Diljesse de Moura Pessoa de. O "mercado da influência" e os desafios da regulação. *In*: NÓBREGA, Marcos (coord.). *Transformação digital e administração pública*: "o futuro não é mais como era antigamente". Belo Horizonte: Fórum, 2024. p. 15-30. ISBN 978-65-5518-649-9.

PACTA SUNT SERVANDA 3.0: CONTEXTOS E DEMANDAS PARA A ERA DO *BLOCKCHAIN*

FELIPE MELO FRANÇA
MARCOS NÓBREGA

1 Introdução

O diplomata francês Alain Peyrefitte (1925-1999) em sua obra-prima *A sociedade de confiança*, publicada em 1995, elaborou um estudo histórico e sociológico do papel da confiança enquanto fator de desenvolvimento. Peyrefitte enxerga basicamente duas espécies de sociedade na história: sociedades de desconfiança e confiança. A primeira é marcada por um clima de constante insegurança, cuja ordem depende de uma autoridade externa despótica. O comércio é tido por trapaça: trocas são vistas como um jogo de soma zero onde se um ganha o outro perde.

A sociedade de confiança, por outro lado, é sobretudo uma sociedade de cooperação. Nela, a sociedade civil se destaca, com indivíduos fortes e seguros, cujas trocas voluntárias representam ganho mútuo a todas as partes. A inovação e concorrência caminham lado a lado com a liberdade de consciência e, por isso, prevalece a autonomia sobre a heteronomia (PEYREFITTE, 1999).

De fato, o desenvolvimento da humanidade caminha lado a lado com seus mecanismos de confiança. Nesse sentido, Myung San Jun (2018) listou três diferentes tecnologias sociais pelas quais no decorrer da história os acordos se fazem cumpridos. Primeiro, a reputação exerceu papel significativo em pequenas populações, como comunidades tribais. Com a expansão e diversificação das sociedades, consolida-se o Estado e a burocracia governamental – v.g. cartórios e juízes – como mecanismos de composição e suporte a garantias contratuais. É a era do terceiro de confiança e do estado como *ultima ratio* para a garantia dos acordos. Agora, em tempos de relações *on-line*, transnacionais, *peer-to-peer*, instantâneas e impessoais – por vezes sem nenhum ser humano, como na Internet das coisas – emerge uma terceira tecnologia social de confiança: a *blockchain* e seus *smart contracts*.

Os três mecanismos de confiança – reputação, estado e *blockchain* – possuem arquiteturas, contextos, arranjos e aplicações diferentes. Elas não necessariamente se excluem; ao contrário, coexistem em camadas sobrepostas. Podem conflitar, mas também se complementam. Nesse sentido, à frente estudaremos as demandas que contextualizam e justificam o entusiasmo com a *blockchain* como mecanismo de *enforcement* para acordos parciais ou integralmente algorítmicos. Nosso objetivo não é exaurir a matéria nem do ponto de vista jurídico, nem computacional, mas sobretudo entender o porquê de a *distributed ledger technology* ser um mecanismo de confiança promissor para as transações no *cyber*-espaço.

Mas, primeiro, faz-se necessário um *detour*. É comum ao falarmos de matérias disruptivas fixarmos o olhar para o futuro – e somente para ele. Neste *paper*, para melhor compreender a capacidade e as limitações da *blockchain*, faremos uma retrospectiva sob o viés histórico, antropológico e mesmo evolutivo das arquiteturas de confiança. Acima de tudo, sublinharemos o sentido e a importância da confiança para a cooperação social.

2 A reputação

Se apenas no século XVII o jusnaturalista Hugo Grotius popularizou o brocardo *"pacta sunt servanda"* – acordos devem ser cumpridos – a noção de que estamos amarrados às nossas promessas é seguramente anterior. No antigo direito consuetudinário germânico, por exemplo, os alemães voluntariamente entrariam em escravidão para satisfazer suas dívidas de jogo. "Eles chamam de 'honra'", escreveu o historiador romano Público Cornélio Tácito em *De origine et situ Germanorum*. (WEHBERG, 1959).

A reputação foi o *pacta sunt servanda* 1.0. A honra ou reputação social foi o primeiro mecanismo de confiança pelo qual as partes se

certa forma tenha sido replicado pelo Gossip Protocol do algoritmo de consenso Swirlds Hashgraph.

Figura 1 – Histórico de fofoca como um grafo no Swirlds Hashgraph no Consensus Algorithm Paper.

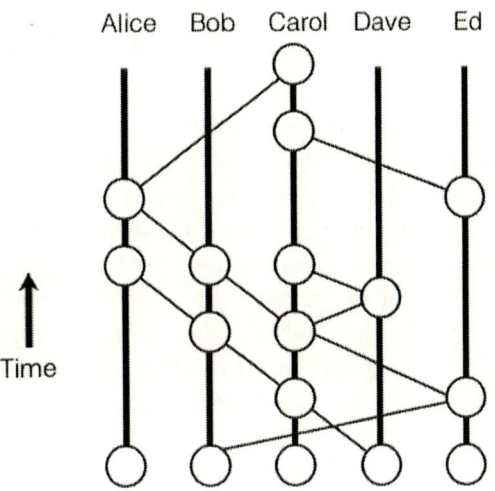

Fonte: BAIRD, The Swirlds Hashgraph consensus algorithm: fair, fast byzantine fault tolerance 2016-1, 5.

É importante apontar que a reputação continua sendo presente e funcional. Hoje, segundo Dunbar, os números não são muito distintos: pequenas organizações têm aproximadamente 150 membros. Mas parece também ser aplicada de maneiras distintas como no relacionamento consumidor-marca. É no mínimo curioso o caso do *site* brasileiro Reclame Aqui, cujo êxito das resoluções de conflitos se deve a um concentrador do *track record* das marcas (reclamação x avaliação da solução), coagindo as empresas a solucionarem os problemas com o propósito de salvaguardar sua reputação. Para os estudiosos das ciências comportamentais, fica a questão se o número de Dunbar também seria válido para a avaliação consumidor-empresa.

obrigam entre si, com papel significativo nas comunidades tribais ainda hoje relevante em pequenas redes pessoais. Conhecer a reputação alheia garantia aos nossos ancestrais reconhecer quem é um bom companheiro de caça, uma boa esposa ou um possível freguês. Quebrar um compromisso na sua comunidade poderia significar entrar na lista do indesejados, afetando seu *track record* e, por conseguinte, sua capacidade de realizar futuros acordos.

Em uma perspectiva antropológica, Robin Dunbar mostrou como o próprio êxito do *homo sapiens* moderno enquanto espécie vem da reputação como sinalização à coesão e cooperação social. A hipótese do cérebro social de Dunbar propõe que entre os primatas não-humanos há uma correlação entre o volume do neocórtex, a capacidade de avaliação da reputação dos seus colegas de bando e, enfim, o tamanho dos agrupamentos. Primatas não poderiam manter a coesão e a integridade de grupos maiores que sua capacidade cerebral de conhecer cada um dos seus pares e, ao mesmo tempo, saber identificar qual relação cada indivíduo teria com os demais membros do grupo. Em poucas palavras, sua capacidade de fofocar e reconhecer se alguém é ou não uma pessoa confiável (DUNBAR, 1993).

Utilizando dados obtidos com 38 gêneros de primatas, Dunbar calculou um modelo de regressão do tamanho dos agrupamentos dos primatas e encontrou o valor esperado de 150 indivíduos para os seres humanos, cifra que ficou desde então conhecida como o número de Dunbar. Para confirmar sua suposição, o antropólogo britânico pesquisou em registros históricos indícios que corroborassem seu modelo e se deparou com alguns números: povoados do Neolítico tinham por volta de 150 habitantes; em uma subespecialização de uma disciplina em geral encontrou 150 acadêmicos; nas unidades militares da Roma Antiga usualmente estavam destacados 150 soldados e, caso a unidade precisasse ser maior, o grupo se fragmentava em pelotões menores de até 150 integrantes.

Em suma, a reputação é um mecanismo de confiança para alinhamento de expectativas e cumprimento de acordos em pequenas redes sociais de até aproximadamente 150 pessoas. Considerando as comunidades como redes distribuídas e de tamanho limitado nas quais os seus membros (nós) interagem continuamente, os agentes possuem incentivos a cumprir suas promessas em função do compartilhamento *peer-to-peer* do seu track record. Não nos estranha que esse sistema de

3 O Estado-garantidor

A reputação é suficiente para garantir a cooperação social em pequenas organizações humanas. Mas como vilas se tornaram cidades e hoje megalópoles? Como perfeitos estranhos conseguiram cooperar e, para o que nos interessa aqui, ter seus acordos cumpridos? Yuval Noah Harari, filósofo e historiador israelense, em seu *best seller Sapiens: uma breve história da humanidade*, explica como a Revolução Cognitiva permitiu ao ser humano, por meio de uma linguagem sofisticada, ir além do seu círculo de intimidade e tagarelar não apenas sobre reputação, mas também sobre ficções e "mitos compartilhados" como religião, nação, dinheiro e, principalmente, o Direito: Qualquer cooperação humana em larga escala — seja um Estado moderno, uma igreja medieval, uma cidade antiga ou uma tribo arcaica — está enraizada em mitos comuns que existem apenas na imaginação coletiva das pessoas. As igrejas estão enraizadas em mitos religiosos comuns.

Dois católicos que nunca se conheceram podem, ainda assim, partir juntos para uma cruzada ou reunir fundos para a construção de um hospital, porque ambos acreditam que Deus encarnou e Se fez homem, deixandoSe crucificar para redimir nossos pecados. Os estados estão enraizados em mitos nacionais comuns. Dois sérvios que nunca se encontraram podem arriscar as vidas para se salvarem, porque ambos acreditam na existência da nação sérvia, na pátria sérvia e na bandeira sérvia. Os sistemas judiciais estão enraizados em mitos legais comuns. Dois advogados que nunca se cruzaram podem, ainda assim, combinar esforços para defender um estranho, porque acreditam na existência de leis, na justiça e nos direitos humanos – bem como no dinheiro que paga os seus honorários (HARARI, 2011, p. 41-42).

Nas mais distantes partes do mundo, o Direito se constrói a partir do compartilhamento de mitos religiosos, valores morais, e só mais à frente se diferencia. Ainda na Antiguidade Oriental, caldeus, egípcios e chineses acreditavam que os deuses nacionais eram garantidores dos contratos e poderiam intervir contra a parte culpada pela quebra contratual (WEHBERG 1959, p. 775). Em Roma, durante seu período régio, o conceito de "jus" denotava tanto a norma civil quanto a norma religiosa, e o monarca era concomitantemente chefe civil e religioso. Mesmo após a diferenciação entre o jurídico (*jus*) e o religioso (*fas*), não é difícil perceber o caráter "mágico" e ficcional do direito romano, origem do nosso próprio Direito. Ao observarmos a solenidade dos seus contratos verbais, vemos algo não muito diferente de um filme de bruxaria, em que a prolação de certas palavras em determinada ordem tem um poder fantástico de criar obrigação: *Spondes?* (prometes?) – *Spondeo!* (prometo!); *dabis? dabo!; fácies? Faciam!*. Pronunciar na ordem as palavras certas amarrava magicamente os contratantes, garantindo-lhes seus direitos.

As pessoas compreendem facilmente que os "primitivos" tenham cimentado a sua ordem social acreditando em fantasmas e espíritos, juntandose a cada lua cheia para dançarem juntos em redor de uma fogueira. O que não conseguimos entender é que as nossas instituições modernas funcionam exatamente da mesma forma (HARARI, 2011, p. 42).

Pois hoje ainda temos nossos próprios mitos e solenidades e – devemos assumir – juntos acreditarmos neles nos evita confrontos desnecessários, tornando mais simples que acordos sejam cumpridos e propriedades respeitadas. Pois vejamos. Em algum momento da humanidade, talvez fosse suficiente a entrega deliberada das chaves para se considerar que uma casa teria um novo dono. Graças ao mito compartilhado do Direito, ou melhor, que tanto o antigo quanto o novo dono – bem como um possível invasor – todos acreditem estar submetidos ao mesmo ordenamento jurídico, hoje no Brasil duas pessoas devem assinar um instrumento privado de promessa de compra e venda nos termos do Código Civil para se obrigarem mutuamente na alienação do imóvel; e, para que efeitos da propriedade sejam também oponíveis contra terceiros, um oficial delegado pelo Estado deverá registrar no fólio real a transferência da propriedade em um cartório.

Mas por que o "mito compartilhado" do Estado e do Direito são tão importantes? Nas mais diferentes visões da Teoria Geral do Estado, enxerga-se o elemento fundamental do Estado como derradeiro garantidor da confiança, de respeito aos contratos e às propriedades. No contratualismo de Thomas Hobbes, na obra *O Leviatã*, argumenta-se que os indivíduos abrem mão de parte de sua liberdade e transferem diretos ao Estado para que este, por meio da força, possa garantir o cumprimento das transações privadas e, ao cabo, suprimir o estado de natureza, onde prevalece a insegurança. Não muito distante, para Locke, em seu *Segundo tratado sobre o governo civil*, os indivíduos consentem com a centralização do poder público para garantir segurança jurídica e, em última instância, afiançar os direitos individuais. Mais recentemente, Douglas North, em sua abordagem institucionalista, enxerga nas instituições – das guildas medievais ao Estado – o papel de intermediárias que garantem uma confiança centralizada, reduzindo os custos de transação e de tal modo viabilizando as relações. Myung San Jun, seguindo este pensamento, resume o papel da segunda máquina de confiança como o garantidor-final da confiança:

> This second machine in human history is the state composed of the government and the bureaucracy that has been introduced for this purpose. There are many arguments about the origin and role of the state and government, but I think that their ultimate role is to guarantee trust in our society. In fact, the state guarantees trust in society by taking complete responsibility for jurisdiction, security, diplomacy, and national defense. Historically, if the trust in society collapses, the dynasties or political powers that have operated or dominated the state or nation also collapse and become replaced with others. Therefore, the most fundamental role of the state and government is to ensure the trust of a large community that cannot be maintained by a reputation system alone. The bureaucracy can be said to be the execution tool of the state and government to ensure trust in society. (JUN, 2018, p. 7)

É claro que, voltando ao argumento de Alain Peyrefitte, o desenvolvimento veio onde o Estado surgiu como *ultima ratio* – com ênfase em *ultima*. Nesse sentido, Peyrefitte fala:

> Nossa hipótese é que definitivamente a mola do desenvolvimento resida na confiança depositada na iniciativa pessoal, na liberdade empreendedora e criativa – numa liberdade que conhece suas contrapartidas, seus deveres, seus limites, em suma, sua responsabilidade, ou seja, sua capacidade de responder por si mesma. Mas, como uma liberdade de tal ordem é ainda muito pouco praticada no mundo, é lícito temer que a escassez, a doença e a violência ainda existam em nosso planeta durante muito tempo (PEYREFITTE, 1999, p. 32).

Nesse sentido, vale uma observação quanto a existência de subcamadas dentro da arquitetura de confiança fundada na ordem estatal. Ao afirmarmos que o Estado é o derradeiro garantidor da confiança, não estamos negando que existam outras instituições que, antes do Estado-juiz, exerçam o papel de garantir confiança e reduzir custos nas transações. A firma no sentido coaseano, de certa forma, atua como uma subarquitetura de confiança. O contrato ou o dinheiro também. Em último caso, todavia, os envolvidos sempre podem apelar à segurança jurídica prometida pelo Estado.

De todo modo, ao compararmos os dois mecanismos de confiança mencionados acima – reputação e estado (ou mesmo o proto-estado, ou ainda suas subarquiteturas) – observamos mudanças significativas quanto à esfera das relações, centralização da arquitetura e necessidade do tempo como elemento de confiança. Mais que isso, vimos ainda um aumento da impessoalidade das relações.

No que se refere à (1) esfera das relações, a reputação permite a cooperação social em pequenas populações de indivíduos que se conhecem mutuamente, como as tribos primitivas ou outras organizações humanas que permitam um círculo de relativa intimidade. O Estado, por sua vez, mostrou-se funcional em grandes populações como cidades e nações, desde que houvesse um "mito compartilhado", como por exemplo o dinheiro ou o Direito.

Quanto à centralização (2), o sistema reputacional funciona como uma pequena rede distribuída de confiança em um fluxo *peer-to-peer*. Já o modelo governamental é em si mesmo um terceiro de confiança – um chefe, juiz ou decisor – que terá a última palavra na resolução de conflitos e execução dos contratos. Isto é, um sistema centralizado.

Quanto ao tempo (3), o Estado mitiga os riscos das relações descontinuadas no tempo. Para evitar fechar um acordo com um aventureiro, no sistema reputacional, é necessário conhecer o *track-record* da outra parte, a consistência das suas ações, o que importa em um tempo maior de observância. Com o surgimento do (proto-)estado como derradeiro terceiro-garante, reduziu-se a necessidade de tempo para se ter confiança na viabilidade da relação.

Quanto à pessoalidade (4), saímos das relações exclusivas entre pessoas naturais para relações entre seres humanos e "personalidades fictícias": organizações coletivas, associações, sociedades empresárias, fundações e outras pessoas jurídicas.

O Estado-Garantidor como um derradeiro terceiro de confiança tem sido fundamental para o avanço da humanidade. Garantiu a confiança em esfera nacional, e mesmo internacional, para relações descontinuadas entre pessoas físicas e, adicionalmente, jurídicas, tudo isso assumindo-se como uma entidade centralizadora da *ultima ratio*. Mas hoje também esbarra em seus limites. As questões passam pela necessidade de uma confiança algorítmica, transnacional, distribuída, instantânea e impessoal. É o que veremos adiante.

4 A *blockchain*

Das primeiras aglomerações urbanas até a atual formatação da humanidade, mudanças expressivas afetaram o modo como vivemos e nos relacionamos. De uma espécie relativamente insignificante de caçadores e coletores, passamos a dominar o planeta graças à nossa capacidade de cooperação social com novas tecnologias. Aprendemos a domesticar plantas e animais em nossas fazendas; desenvolvemos técnicas comerciais e financeiras nas nossas cidades. Pelo início do século dezenove, fomos da manufatura para a maquinofatura, substituindo os métodos de trabalho manuais pelos industriais. Encurtamos as distâncias construindo ferrovias, trens e navios a vapor. Revolucionamos a comunicação com o rádio, telégrafo e telefone. A lâmpada elétrica nos libertou da escuridão e a energia elétrica cada vez mais acessível abriu o caminho para a Terceira Revolução Industrial.

Em meados do século XX, demos um grande salto na era da informática. Surgem os computadores, a Internet, os *softwares* e dispositivos móveis.

Viramos a sociedade da informação, um mundo em que pessoas ou máquinas trocam dados e celebram contratos com terceiros anônimos em jurisdições desconhecidas, utilizando plataformas construídas em códigos de computador. Mas com essa sociedade cada vez mais complexa, conectada e global, surgem novas questões. Como viabilizar contratos sobre os quais sequer se conhece a jurisdição em que gerará efeitos? Como garantir acordos em relações instantâneas ou descontinuadas? Como assegurar confiança em uma relação *machine-to-machine* ou mesmo entre anônimos?

É nesse cenário que emerge o *pacta sunt servanda* 3.0: a *blockchain*, ou mais tecnicamente, *distributed ledger technology* (DLT), gênero da qual a *blockchain* original é espécie. Embora pareça um tema complexo, sua função básica é simples: fornecer um registro distribuído, mas comprovadamente acurado. Todos os nós da rede mantêm uma cópia sincronizada de um "livro-razão", mas todas essas cópias permanecem iguais, sem a necessidade de uma versão máster ou administrador central.

Para compreender como a confiança é gerada na *blockchain*, algumas particularidades devem ser compreendidas. A primeira é a topologia distribuída da sua rede. Os dados não estão armazenados em um *locus* específico e tampouco precisam passar por um centro disseminador. Isso quer dizer que não existem centros nesta rede; qualquer nó, – seu computador por exemplo – pode receber e disseminar a informação para qualquer outro nó.

Figura 2.1 – Topologia de Rede Centralizada (ex.: telefonia)

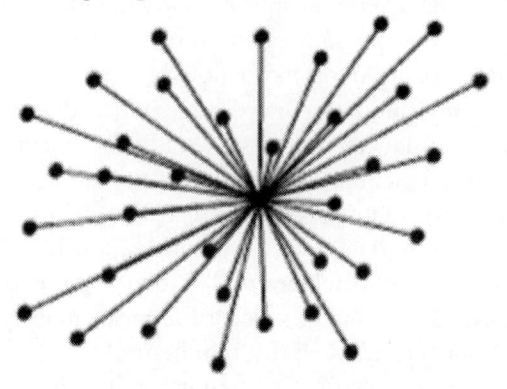

Figura 2.2 – Topologia de Rede Descentralizada (ex.: Internet)

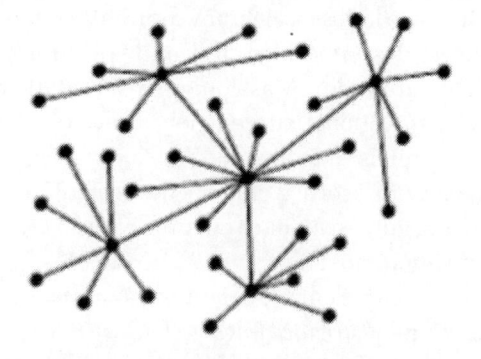

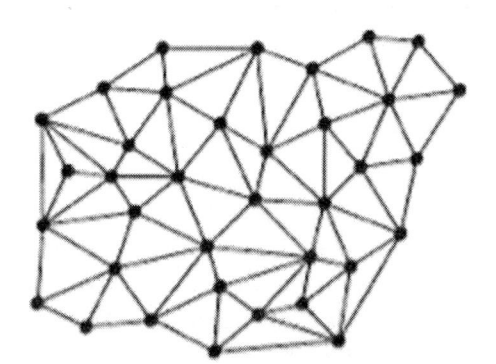

Figura 2.3 – Topologia de Rede Distribuída (ex.: *blockchain*)

A segunda particularidade é o mecanismo pelo qual as informações são registradas e verificadas. Como a *blockchain* é uma espécie de livro-razão compartilhado, os nós da rede se mutuamente verificam e se sincronizam mediante um algoritmo de consenso (*proof-of-work, proof-of-stake, proof-of-concept, proof-of-importance* ou outros). Diferentes espécies de DLT utilizam diferentes algoritmos de consenso. Cada qual a seu modo, esses algoritmos averiguam a autenticidade dos registros, gravam e encadeiam os dados em blocos, tornando a cadeia de informação virtualmente inalterável.

A tecnologia é inovadora ao garantir confiança nas transações sem a necessidade de se confiar na integridade de indivíduos, intermediários ou governos. Além do mais, tem o potencial de reduzir custos de transação ao permitir que um único *ledger* distribuído possa substituir vários *ledgers* privados, evitando gastos com reconciliação.

5 *Smart Contracts*

Em 2018, ao publicar o *whitepaper* que germinou simultaneamente o *bitcoin* e a tecnologia *blockchain* (NAKAMOTO, 2008), Satoshi Nakamoto viabilizou diversas aplicações como moedas descentralizadas (criptomoedas), ativos inteligentes que podem ser controlados pela Internet (*smart properties*) e contratos digitais autoexecutáveis (*smart contract*) como fora idealizado originalmente na década de 90 por Nick Szabo (CONG e HE, 2018, p. 9).

O conceito de *smart contract* foi introduzido por Szabo em 1996 como: "a set of promises, specified in digital form, including protocols within which the parties perform on these promises" (SZABO, 1996). Embora ainda não exista um consenso técnico-acadêmico quanto ao conceito de *smart contract*, uma definição funcional já é clara. Os contratos inteligentes visam a emular a lógica das cláusulas contratuais, permitindo a contratação por meio de um consenso descentralizado, com execução automatizada de baixo custo (CONG e HE, 2018, p. 9).

Sob uma perspectiva negativa, também é claro definir o que *smart contracts* não são. Como Cong & He afirmam, "smart contracts are not merely digital contracts (many of which rely on trusted authority for reaching consensus and execution), nor are they entailing artificial intelligence (on the contrary they are rather robotic)" (*Ibidem*).

É importante perceber que *smart contracts* já existiam antes mesmo da blockchain. O próprio Szabo menciona as tradicionais *vending machines* como *smart contracts* rudimentares. Nessa leitura, pode-se citar o bloqueio de telefone por provedores de telecomunicações, sistemas de DRM; carros que incorporam limitações de velocidade automatizadas etc. (DE FILIPPI; HASSAN, s.d.). Com a implementação dos *smart contracts* na *blockchain*, contudo, a execução do contrato deixou de ser imposta por um servidor central e passou a ser por uma rede de nós distribuídos. Neste sentido, De Filippe e Hassan afirmam:

> Blockchain-based smart contracts are therefore more sophisticated than traditional means of technological regulation in that they qualify as computer software code which is both autonomous – as it does not depend on any given third party to operate, and independent – as it cannot be controlled by anyone (DE FILIPPI & HASSAN, s.d.)

Não é o objetivo aqui nos aprofundarmos nos pormenores dos contratos inteligentes. Para compreendê-los na sua devida extensão, seria necessário um estudo específico para uma dúzia de variáveis técnicas, jurídicas, econômicas e até mesmo culturais. Algumas questões saltam aos olhos: linguagens computacionais podem simular a ambiguidade própria da linguagem natural? Como os *smart contracts* vão lidar com a incompletude contratual? Aliás, qual a natureza jurídica dos *smart contracts*? Qual será a repercussão para contratos inteligentes frutos de coação? E se o objeto contratual for ilícito? As perguntas são inúmeras e não conseguiremos aqui nos aprofundar. No entanto, é razoável ao menos mencionar *en passant* alguns tópicos que nos ajudam a compreender os *smart contracts: contractwares, oracles* e linguagem.

Contractware: é a sequência de códigos que representa em linguagem computacional os termos acordados e a ordem para a execução do contrato. Essa ordem será executada em algum *software* já existente (ex.: pagar uma dívida transferindo dinheiro para a conta bancária de uma das partes) ou em um *software* incorporado a um determinado equipamento (dar a ordem para uma fechadura eletrônica se trancar ou destrancar). (RASKIN, 2017, p. 307)

É importante destacar que é extremamente controverso se os *contractwares* podem ser entendidos como um contrato jurídico no sentido estrito do termo. Essa questão é digna de um trabalho aprofundado, mas podemos adiantar que, como os *smart contracts* não têm como propósito o *enforcement* legal, é de se discutir se há o elemento volitivo necessário à formação de um vínculo jurídico.

Oracles: um *smart contract* pode precisar se referir a fatos do mundo, como por exemplo, quando um contrato inteligente de aposta precisa conhecer o resultado de uma partida de futebol ou a temperatura do dia. A *blockchain* não sabe nada sobre o placar dos jogos, tampouco sobre o clima; essa informação deverá ser coletada por um *feed* de dados externo. Na linguagem dos contratos inteligentes, os sistemas que interpretam esses *feeds* externos e verificam o desempenho contratual são chamados de *oracles*. Um oráculo pode ser um termostato ligado à rede pelas próprias partes, um *site* de futebol de um terceiro ou até mesmo um API de um tribunal arbitral. Nesse sentido, ao contrário da *blockchain*, os oráculos não são totalmente descentralizados. As partes contratuais devem, em algum grau, confiar no operador do oráculo e na autenticidade do *feed* de dados (WERBACH e CORNELL, 2017, p. 17-18).

Linguagem computacional: para que a ordem seja compreendida por um *software* e o *smart contract* seja executado, é necessário que ela esteja escrita em uma linguagem decifrável por um computador. Nesse sentido, deverá ser usada alguma das SCL (Smart Contract Languages) como v.g. Ivy, Vyper ou – a mais consolidada até o momento – Solidity. A linguagem natural que nós humanos usamos no nosso dia-a-dia é vaga, ambígua e porosa. Isto é, os símbolos admitem usos diferentes e distintas interpretações. Não é o caso das linguagens utilizadas para se programar um *contractware*. Elas exigem ordens lógicas e objetivas, com estruturas causais no modelo "se → então" (*if ... else*). De um ponto de vista prático, isso implica em um robustecimento do *pacta sunt servanda*, já que as partes devem assumir a responsabilidade e o ônus de definições exatas e fechadas dos termos e condições contratuais.

Esses três elementos – *contractware, oracles* e linguagem – combinados entre si nos permitem analisar os *smart contracts* conforme seu grau de automação e imposição.

Grau de Automação: sob uma perspectiva de automação, os *smart contracts* estão em um *continuum* entre parcial e integralmente algorítmicos. Um contrato inteligente parcialmente algorítmico pode ser tão simples como um *escrow* ou ser mais complexo, incorporando condicionantes e gatilhos para a sua execução. Mas, de todo modo, o *smart contract* parcialmente algorítmico terá sempre algum *input* não-smart, fazendo referência a um ou mais contratos estritamente jurídicos.

É importante entender que acordos complexos podem ser, ao menos por enquanto, irredutíveis para a linguagem computacional. Por exemplo, as licenças em contratos de propriedade intelectual podem incluir termos de *royalties* extremamente complexos. De todo modo, as partes podem simplesmente desejar que certas obrigações contratuais ocorram fora da *blockchain*. Por exemplo, podem preferir que as disputas contratuais sobre inspeção do produto sejam tratadas por um tribunal arbitral.

Do outro lado, os *smart contracts* podem ser completamente automatizados, desde sua formação até execução. Neste caso, ele estará totalmente codificado em linguagem computacional e subscrito na *blockchain*, podendo ou não estar acoplado a *contractwares*.

Grau de Imposição: sob uma perspectiva do *enforcement*, eles podem ser fortes ou fracos. Um *smart contract* forte tem custos proibitivos de revogação e modificação. Por outro lado, se um tribunal for capaz de alterar um contrato após sua execução com relativa facilidade, ele será definido como um *smart contract* fraco. É importante visualizar a possibilidade dos tribunais de aplicar penalidades criminais ou impor reparação de danos aos envolvidos no *smart contract* com o objetivo de impor sua compreensão da lei.

Outro ponto fundamental para compreender a potencialidade dos contratos inteligentes diz respeito aos polos que podem integrar as relações. Eles podem amarrar obrigações entre pessoas físicas, jurídicas, mas também máquinas, ou mesmo com outros *smart contracts* dentro do mesmo ecossistema *blockchain*. Em sua modalidade mais complexa, ao realizar um emaranhado de *smart contracts*, é possível construir acordos multilaterais como as *Distributed Autonomous Organizations*, tema para um *paper* à parte.

Por todo o exposto, contratos inteligentes permitem a redução de custos de negociação, verificação e execução, transformando acordos baseados em papel, caneta e vontade em transações codificadas autoexecutáveis.

6 Contextos e demandas

Se parece inocente afirmar que a *blockchain* e os *smart contracts* são uma cornucópia com a solução de todos os problemas de confiança e, portanto, uma alternativa à reputação ou ao Estado; não é de todo inútil demonstrar as demandas atuais que fazem com que ele ecoe como uma das tecnologias mais promissoras de nosso tempo. Assim, talvez se demostre ser uma possível opção de arquitetura de confiança em determinados contextos.

Adiante, apresentaremos cinco demandas que contextualizam e promovem essa nova arquitetura. (i) A passagem do *code is law* para o *law as code* tem provocado uma demanda por uma confiança algorítmica. (ii) A incapacidade do ciberespaço em reconhecer os limites da soberania chama por uma confiança transnacional. (iii) Os desafios próprios a um mundo "estrela-do-mar", no qual ganham atenção as relações *peer-to-peer* e a economia colaborativa, reforçam-nos a necessidade por soluções baseadas em uma confiança distribuída. (iv) O imediatismo das relações *on-line* que inviabilizam o alinhamento das partes e dos tantos *stakeholders* requer uma arquitetura que permita tanto a performance como a execução instantânea dos acordos e transações. E, por fim, (v) transações entre completos desconhecidos, entre anônimos ou mesmo *machine-to-machine* suscitam a necessidade de uma confiança que comporte a máxima impessoalidade.

6.1 Contexto e demanda por uma arquitetura de confiança algorítmica

Na computação, um algoritmo é uma sequência lógica e bem definida de instruções para que um *software* execute algo, um conjunto de passos para executar uma tarefa. Um algoritmo não está preocupado em responder "o que fazer", mas sim em responder "como fazer". O PageRank do Google elabora um *ranking* dos *sites* mais interessantes para a nossa busca e, portanto, determina indiretamente a quais informações teremos acesso; o EdgeRank do Facebook lista as pessoas segundo seus critérios de afinidade e relevância, definindo indiretamente a nossa bolha de convivência; os algoritmos do Uber e Waze definem nossos trajetos diariamente; até mesmo algoritmos de paquera influenciam nossa vida afetiva. Mas também nos bastidores os algoritmos estão presentes: são os algoritmos financeiros que dirigem Wall Street; os algoritmos da Receita Federal que cruzam declarações e apontam potenciais sonegadores; ou algoritmos de distribuição judicial, responsáveis por definir o juízo competente para um determinado processo.

Por mais distópico que pareça, um cidadão ser condenado por um algoritmo de *rating* não é mais assunto exclusivo da ficção científica. Em 2016, Eric Loomis foi sentenciado a seis anos de prisão pelo Estado de Wisconsin após um *software* denominado COMPAS – Correctional Offender Management Profiling for Alternative Sanctions, vendido pela Northpointe Inc., identificar-lhe como um indivíduo de alto risco de violência, reincidência e evasão. O juiz aderiu ao *report* do COMPAS e concordou em sua sentença: "you're identified, through the COMPAS assessment, as an individual who is a high risk to the community" (NEW YORK TIMES, 2017). Os advogados de defesa questionaram à Suprema Corte de Wisconsin quanto ao cerceamento dos direitos de defesa, uma vez que a avaliação de risco teria sido realizada por um *software* proprietário e *closed-source*. O recurso foi negado e Loomis teve sua sentença mantida (STATE OF WISCONSIN *vs.* LOOMIS, 2016).

O caso de Loomis é emblemático e nos faz lembrar que vivemos em uma sociedade algorítmica, onde a força da tecnologia está presente em todos os espaços da nossa vida. A compreensão de que os códigos de computador norteiam nossas condutas, contudo, não é recente. Em 1999, o professor da Universidade Harvard, Lawrence Lessig, publicou o clássico "O Código e as Leis do Ciberespaço" no qual observa que os códigos de computador (ou "West Coast Code", referente ao Vale do Silício) constrangem nossas condutas tal como os "códigos legais" (ou "East Coast Code" referindo-se a Washington, DC).

Figura 3 – Diagrama da Pathetic Dot Theory de Lawrence Lessig. Quatro vetores de regulação: normas sociais, normas jurídicas, o mercado e a arquitetura

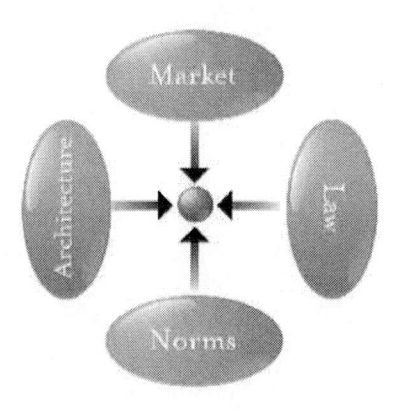

Conforme a Pathetic Dot Theory de Lessig, existem quatro vetores de regulação: normas sociais, normas jurídicas, o mercado e a arquitetura. A principal diferença da regulação no ciberespaço em comparação com a regulação do "mundo real" seria sua arquitetura. Enquanto a maior parte da arquitetura do mundo real está além do nosso controle, por ser baseada em leis da física, biologia ou grandes forças sociais ou culturais, a arquitetura do ciberespaço – os códigos de computador que sustentam os *softwares* – é criada por programadores, seres humanos. Seguindo essa linha de raciocínio, Lessig cunha a expressão "code is law".

Entender a arquitetura da informação como um vetor de constrangimento da conduta é essencial para entender a *blockchain* como novo mecanismo de confiança. Se em nosso tempo a força coercitiva da tecnologia não pode ser desconsiderada, é ainda mais importante ressaltar o potencial dos *smart contracts* como forma de constranger indivíduos a cumprirem seus acordos. De fato, ao colocarmos lado a lado as semelhanças e distinções entre norma jurídica e arquitetura da informação no ciberespaço, encontramos alguns *insights* poderosos.

Primeiramente, tanto o código de computador quanto o código legal são antropogênicos e, de tal forma, são ambos suscetíveis aos vieses dos seus criadores, seja legislador ou programador. Devemos estar cientes de que processos algorítmicos não são neutros e refletem os valores dos seres humanos que estão envolvidos na codificação, coleta, seleção ou uso de dados para treinar o algoritmo. Uma vez incorporados em aplicações de hardware e software, eles podem causar impacto político e social. Um caso interessante é o do algoritmo de detecção de faces Gfycat's e sua dificuldade em distinguir fotografias de jovens asiáticos. Para treinar seu *software* no reconhecimento de rostos, a *startup* utilizou fotos de domínio público das universidades de Illinois e Oxford. Embora tenha aplicado inteligência artificial e analisado milhões de fotos, seu campo amostral foi enviesado para rostos ocidentais (WIRED, 2018). Resta o alerta. A despeito da boa vontade dos *coders*, o código pode ser mais opaco, enviesado e ainda menos democrático que a lei.

Em segundo lugar, a capacidade coercitiva da programação é substantivamente maior que a da norma jurídica. Se no mundo real estamos aptos a deliberadamente desrespeitar uma norma – por exemplo: atravessar um cruzamento no sinal vermelho; nos *softwares*, para se desrespeitar o código deve-se primeiramente ter acesso a ele, para só então ser possível reescrevê-lo. Em outras palavras, se o algoritmo de um carro autodirigível o proíbe de atravessar no sinal vermelho, ainda que você tenha todos os motivos para fazê-lo, ele não irá atravessar. Com efeito, ainda mais poderosa é a coerção dos *smart contracts* na *blockchain*. Os códigos subscritos no bloco são virtualmente inapagáveis,[1] além de autoexecutáveis. Neste sentido, Jun distingue três tipos de coerção: coerção fraca para as normas jurídicas, coerção forte para os *softwares* e, finalmente, coerção absoluta para os *smart contracts* na *blockchain* (JUN, 2018, p. 5).

As particularidades do código como vetor de constrangimento de nossas condutas podem ser compreendidas como um risco para nossas liberdades, tal qual um Leviatã digital. Mas também podem ser observadas como uma nova oportunidade de garantir transações mais eficientes, simples ou práticas. Imagine um hotel sem funcionários, em que a porta do quarto se destranca automaticamente com o pagamento da hospedagem? Ou uma herança que é paga automaticamente após o neto completar determinada idade? As aplicações possíveis são inúmeras.

---

[1] Há caso paradigmático de reversão na *blockchain* do Ether, após fraude com a TheDAO. Os usuários forçaram um *hard fork*.

Com seus riscos e oportunidades, é inegável a tendência do entrelaçamento do tecnológico sobre o jurídico. É cada vez mais difícil distinguir uma norma legal de uma regra *ex machina*; e, se outrora ecoava o *code as law*, cada vez mais falaremos em *law as code*. Conforme Primavera De Fillipi e Samer Hassan nos ensinam, existem várias maneiras pelas quais o Direito e a tecnologia podem influenciar-se mutuamente. Os dois interagem por meio de um sistema complexo de dependências e interdependências, pois ambos contribuem para regular o comportamento dos indivíduos. (DE FILIPPI e HASSAN, s.d.).

É possível identificar quatro fases distintas que representam a relação evolutiva entre o Direito e a tecnologia: 1) digitalização do conteúdo jurídico; 2) automação do back office jurídico; 3) incorporação do jurídico ao código; e, por fim, 4) o protagonismo do código como tomador da decisão. A primeira fase é a da transformação do papel e caneta por zeros e uns. Deixamos de recorrer às bibliotecas e passamos a pesquisar a jurisprudência em nossos computadores. Na segunda fase, ocorre a automação do processo de tomada de decisão por meio de softwares auxiliares. Passamos a acompanhar processos, analisar e comparar casos por meio de programas de computador. A informática surge como facilitadora. A terceira fase é a da incorporação de regras legais aos códigos, como no *approach* do Digital Right Management ao conteúdo digital. Nessa fase, o *software* acaba estipulando o que pode ou não ser feito com mais frequência do que a própria lei aplicável – e com muito mais eficácia. Cada vez mais, confiamos na tecnologia não apenas como auxílio na tomada de decisões, mas também como meio de aplicar diretamente as regras. Por fim, vem emergindo a quarta fase, em que cada vez mais ocorre a transposição do legal para a arquitetura da informação. Ela envolve uma nova abordagem à regulamentação, a qual De Filippi e Hassan se referem como "*code-ification of law*". (*Ibidem*)

> Transposing legal rules into technical rules is, therefore, a delicate process that could have an important impact on the legal system, and which might actually affect the way we think about law. (...) Hence, while it is true that, in the digital world, code is increasingly assuming (and perhaps even replacing) some of the traditional functions of law, it is also true that, in the last few years (especially since the emergence of blockchain technology and corresponding smart contract transactions) the law is progressively starting to assume the characteristics of code. (*Ibidem*)

Essa quarta fase implica uma dependência cada vez maior do código não apenas para impor regras legais, mas também para redigir e elaborar essas regras, como em Wisconsin v. Loomis ou como nos *smart contracts*. Os contratos inteligentes passam a emular, ou pelo menos simular, a função de contratos legais por meio da tecnologia, transformando efetivamente a lei em código. Nesse contexto, a transposição da norma jurídica para a arquitetura da informação é em si a própria demanda por uma arquitetura da confiança algorítmica.

6.2 Contexto e demanda por uma arquitetura de confiança transnacional

Os conflitos surgidos no ciberespaço extrapolam fronteiras e, assim, esta talvez seja a demanda mais evidente. Em artigo publicado no Financial Times, Yuval Harari fez anedota ilustrativa sobre os desafios particulares a uma sociedade interconectada e transnacional, comparando-nos com as tribos que habitavam as margens do Rio Amarelo antes da formação da China. Espalhadas ao longo do extenso rio, as tribos chinesas eram incapazes de isoladamente construir as represas ou canais capazes de controlar as enchentes do Rio Amarelo. Para sobreviver, as tribos teriam de cooperar entre si e se compreender enquanto nação – como chineses. Da mesma forma, segundo Harari, as nações que habitam hoje as margens do "cyber-rio" – Internet – precisariam pensar em novas formas de cooperação em âmbito global para construir suas "represas e canais", para desta forma poder controlar a correnteza no ciberespaço:

> The [Yellow] river was their lifeblood, but every few years it brought disastrous floods and droughts. No tribe could solve this problem by itself. Only a common effort to build huge dams and dig hundreds of kilometres of canals could do so. Consequently, the tribes gradually coalesced into a single Chinese nation that had the power to regulate the distribution of water and produce unprecedented prosperity. In the 21st century, nations find themselves in the same situation as the old tribes along the Yellow River: they are no longer the right framework to deal with the most important challenges of the age. All nations now live along the same cyber-river, depending on it for their prosperity and exposed to its dangers. No nation can police cyberspace by itself (FINANTIAL TIMES, 2018).

Sob o ponto de vista do Direito Internacional Privado, três questões em específico evidenciam o desafio da transnacionalidade no ciberespaço: (i) o conflito de jurisdição, (ii) a multiplicidade de leis aplicáveis e, por fim, a missão hercúlea do *enforcement* extraterritorial. Em geral, responder-se-ia com o uso das regras de conexão como nacionalidade ou domicílio das partes envolvidas, lugar da celebração de um contrato, local de execução de uma obrigação ou lugar onde se produz o dano. Mas, em um exemplo prático, se um cidadão chinês, utilizando um servidor localizado no Reino Unido, envia uma mensagem por um aplicativo americano para ameaçar um cidadão israelense, causando danos ao seu patrimônio em diversos países pelo mundo, qual o elemento de conexão que prevalecerá para a definição da jurisdição, qual será a lei aplicável e por fim, quem irá realizar o *enforcement* extraterritorial? Jacob Dolinger diz prevalecer a lei que possuir a maior proximidade e conexão com o caso com os atores nele envolvidos, garantindo mais flexibilidade no que diz respeito ao uso das regras de conflitos (DOLINGER, 2009, p. 145-146). Mas ainda assim, como aplicar a *lex loci delicti* se o local físico dos atos pode sequer ser definido, uma vez que há pluralidade de locais de dano? Sem uma ordem jurídica – nacional, supranacional ou multinacional– capaz de impor de maneira eficaz os critérios de limitação ao poder de cada um dos Estados soberanos, como ao fim se definirá a competência internacional?

Nesse cenário de insegurança jurídica, em que se desconhece quem será o juiz, qual será a lei aplicada, e quem por fim sancionará o infrator, discute-se um regime regulatório transnacional em torno de uma *lex digitalis*, até certo ponto comparável a *lex sportiva* ou a *lex mercatoria*, dois exemplos paradigmáticos de transnacionalidade jurídica.

Primeiramente, a *lex sportiva* convém como exemplo na medida em que se propõe como ordem jurídica transnacional para a regulação e regulamentação do esporte, transbordando a soberania dos estados. Ela possui múltiplos centros de produção normativa não excludentes entre si, sejam eles estatais ou não estatais, com funções judiciárias, executivas ou mesmo legislativas. De fato, há uma reflexividade nas normas, atos e procedimentos dos mais diferentes órgãos, que em certos momentos se posicionam positivamente em favor da autoridade dos demais (WOLF, 2018).

No entanto, a *lex mercatoria*, como fruto de uma autorregulação transnacional, talvez seja uma referência ainda melhor para a demanda no ciberespaço. Ela nasce dos costumes e práticas entre comerciantes, bem como da demanda por uma solução rápida e eficiente. Os julgamentos nas cortes tradicionais eram lentos, desproporcionais e, com isso, custosos aos negociantes. Sob a luz do "preço justo", do bom comércio e da equidade, a *lex mercatoria* proporcionou justiça rápida e eficaz por meio de procedimentos informais e regras mais adaptáveis.

De certa forma, e sob um olhar restrito, a *lex digitalis* já existe. Há uma ordem transnacional para a regulação de domínios na Internet, submetida a IANA – Internet Assigned Numbers Authority. Entidades na esfera nacional (ex.: US Department of Commerce), supranacional (ex.: Nações Unidas) e, ao fim, transnacional (ex: ICANN – Internet Corporation for Assigned Names and Numbers) atuam de forma *sui generis* no tema.

A limitação, contudo, vem da própria essência temática dessas ordens transnacionais existentes: esportes, comércio internacional, domínios de Internet. Assim como os estados soberanos se arrogam na competência em sua jurisdição, os centros de produção normativa transnacionais se arrogam na competência por um tema. Essa solução, contudo, não parece ser suficiente. O ciberespaço é antes de tudo um ambiente e não se limita a um único tema. Pelo contrário, é transversal a praticamente todas as temáticas.

Cumpre-nos observar uma particularidade da demanda e contexto por uma arquitetura de confiança transnacional. A *blockchain* e suas aplicações são, sem sombra de dúvidas, viáveis e úteis mesmo em transações domésticas. A transnacionalidade que apontamos aqui é uma demanda e um contexto existentes, não uma condicionante.

6.3 Contexto e demanda por uma arquitetura de confiança distribuída

Para alguns, os conflitos no ciberespaço devem ser resolvidos com novas formas hierárquicas em nível global. Organizações multinacionais ou supranacionais, estatais ou privadas, desde que se defina um centro emissor de juridicidade capaz de prolatar e impor normas em nível global. Mas a verdade é que o desafio do ciberespaço vai além dos binários doméstico/estrangeiro ou privado/estatal. O desafio é também entre organizações distribuídas *versus* organizações centrais.

Se a esfera do nacional ou multinacional não tem sido suficiente para a resolução dos conflitos na Internet, tampouco o transnacionalismo centralizador parece ser. A realidade é que saímos de aldeias, construímos impérios e voltamos a uma aldeia, desta vez global, como popularizou Marshall McLuhan em seu livro *A galáxia de Gutenberg*, publicado em 1962 (MCLUHAN, 1977). O teórico da comunicação canadense foi pioneiro ao tratar de uma nova forma de organização social proporcionada pelas mídias digitais. Para McLuhan, os meios eletrônicos levariam a humanidade a uma identidade coletiva com base tribal – a aldeia global, profecia confirmada com a Internet. Harvey, em *Condição pós-moderna*, esclarece:

> Por vezes, o mundo parece encolher numa "aldeia global" de telecomunicações e numa 'espaçonave terra' de interdependências ecológicas e econômicas e, que os horizontes temporais se reduzem a um ponto em que só existe no presente (o mundo do esquizofrênico), temos de aprender a lidar com um avassalador sentido de compressão dos nossos mundos espacial e temporal. (...) A experiência da compressão do tempo-espaço é um desafio, um estímulo, uma tensão, (...) capaz de provocar (...) uma diversidade de reações sociais, culturais e políticas. (HARVEY, 1993, p. 219-220)

Nas transações ambientadas no ciberespaço, tem se transcendido a questão do pluralismo jurídico. A demanda é na realidade por uma solução transnacional compatível com a "aldeia global" e agora – tal como as aldeias do homem primitivo resolviam suas questões por um sistema de confiança distribuído – em virtude da pluralidade de contextos (TEUBNER, 2005) e das relações *user-to-user*, faz-se mais que necessário um sistema de confiança distribuído.

Em *The starfish and the spider: the unstoppable power of leaderless organizations*, publicado em 2008, Brafman e Beckstrom demonstraram com clareza o desafio de se solucionar conflitos no ciberespaço mediante soluções tradicionais *top-down*. Em uma metáfora esclarecedora, os autores comparam organizações distribuídas às estrelas-do-mar, e as entidades tradicionais, hierárquicas e centralizadas às aranhas. "Cut off the leg of a spider, and you end up with a seven-legged creature. Cut off its head and the spider dies". Foi o que aconteceu na batalha da pirataria de música *peer-to-peer* travada com as gravadoras e os *softwares* de compartilhamento. (BRAFMAN e BECKSTROM, 2014, p. 1).

> But as the labels were repeatedly winning lawsuits against P2P companies, the overall problem of music piracy was getting worse and worse. It wasn't that the labels weren't vigilant enough. It was actually the opposite – the labels were adding fuel to the fire with every new lawsuit.

The harder they fought, the stronger the opposition grew. Something weird was going on. (BRAFMAN e BECKSTROM, 2014, p. 19) Companies like eMule are so decentralized that they are beyond the reach of any label's lawyer. Who would you sue – the software? There is not even a trace of a leader. You'd think eMule doesn't even exist, except that it's hacking away at everyone's profits. (*Ibidem*, p. 29) (...) the P2P networks are reacting at blazing speed, constantly mutating and staying a step ahead of the labels. Containing this series of mutations is like capturing mercury. You put down Napster, Kazaa pops up. You get rid of Kazaa, Kazaa Lite emerges, and so forth. Although the small P2P companies don't have many resources at their disposal, they're able to react and mutate at a frighteningly quick pace. This spells trouble for a spider organization that sees starfish circling around it. (*Ibidem*, p. 43)

Esse mesmo cenário está também se construindo hoje na batalha entre instituições bancárias e corretoras de *bitcoins*, a criptomoeda irmã-siamesa da *blockchain*, e outras *altcoins*. Bancos comerciais por todo o mundo têm deixado de oferecer serviços de depósito e saque para as corretoras de criptomoeda. A questão ainda é discutida em pleitos no sistema judiciário tradicional, com vitórias para ambos os lados. No entanto, não parece sair de lá a resolução para a questão. Exatamente como a perseguição das gravadoras multiplicou os *softwares* de pagamento, a caça às corretoras de criptoativos forçará uma solução ainda mais descentralizada por meio das "DEX" ou Decentralized Exchanges.

Uma *exchange* centralizada de criptomoedas opera como uma corretora; você deposita fundos em uma conta e a *exchange* faz os negócios para você. A vantagem disso é que a bolsa faz todo o trabalho, e muitas vezes é segurada e regulada pelas autoridades. As DEX, contudo, são um *marketplace* de criptomoedas ou investimentos em *blockchain* totalmente *open source*. Ninguém está no controle de uma DEX, em vez disso, compradores e vendedores lidam uns com os outros em uma base individual por meio de aplicativos comerciais *peer-to-peer*.

O que se enxerga na questão da pirataria ou no mercado de *bitcoin* é uma luta entre organizações do tipo aranha contra entidades estrelas-do-mar. Lidar com organizações descentralizadas será cada vez mais comum, ainda mais com a possível ascensão de modelos de organização autônoma descentralizadas ou DAO (do inglês *decentralized autonomous organization*). Mas, como *The starfish and the spider* ensina, há apenas três estratégias contra um adversário descentralizado:

(i) mudar a ideologia do oponente: como, por exemplo, na guerra contra o terror, construir escolas ou fornecer serviços

socais, afastando a formação de potenciais membros das células terroristas;
(ii) centralizar o oponente: como os EUA fizeram com os Apaches ao lhes fornecerem vacas para que largassem seu nomadismo e se mudassem para reservas; ou
(iii) descentralizar-se: como por exemplo a IBM, que, sob o risco de perecer perante os *softwares open source*, passou contratar engenheiros que trabalham com Linux e oferecer consultoria de modelo de negócios para a comunidade *open source*.

Como as duas primeiras estratégias parecem difíceis de se realizar quando o "oponente" é a própria essência da vida interconectada, para efetivamente garantir a confiança em um mundo permeado pela Internet e redes *peer-to-peer*, precisamos reconhecer as regras desse novo mundo estrela-do-mar e garantir uma arquitetura de confiança distribuída.

6.4 Contexto e demanda por uma arquitetura de confiança instantânea

Segundo Lewicki & Bunker (1995), confiança refere-se às expectativas positivas que uma pessoa tem em relação a outra em situações de risco. A confiança pode incluir as crenças e sentimentos sobre o relacionamento com as outras pessoas, mas, ao cabo, as pessoas confiariam nas outras com base em três fundamentos: cálculo (CBT – *calculus based trust*), conhecimento (KBT – *knowledge-based trust*) e identificação (IBT – *identification-based trust*).

A confiança é baseada em um cálculo quando se comparam os custos e benefícios de criar e sustentar um relacionamento *versus* os custos e benefícios de cortá-lo. Para que a dissuasão seja uma ameaça efetiva, a perda potencial de um relacionamento deve superar o ganho criado ao se desfazer dele. Deve haver monitoramento e relatórios entre as partes. A pessoa que foi prejudicada também deve estar disposta a cumprir as ameaças de punição.

Diferentemente da confiança baseada em cálculo, a confiança baseada em conhecimento (KBT) é fundada não no controle, mas na informação. As partes cultivam o conhecimento uns dos outros, reunindo dados, vendo um ao outro em diferentes contextos e experimentando o alcance do outro. A confiança baseada no conhecimento ocorre quando um indivíduo tem informação e compreensão suficientes sobre outra pessoa para prever o comportamento dessa pessoa. A previsão precisa depender do entendimento, que se desenvolve a partir de interações repetidas, comunicação e construção de um relacionamento.

Finalmente, a confiança baseada em identificação é baseada na compreensão mútua e em um laço emocional. Este é potencialmente o mais forte e mais valorizado de todos os três tipos de confiança. Ela acontece quando as partes entendem e endossam uma a outra e podem agir uma pela outra em transações interpessoais. A confiança baseada em identificação (IBT) fundamenta-se no alinhamento quanto a necessidades e preferências de outra pessoa; essas necessidades e preferências também são compartilhadas. A identificação nos permite pensar, sentir e reagir como a outra pessoa. Isso requer que as partes internalizem e harmonizem-se completamente com os desejos e intenções de cada um.

Para Lewicki & Bunker, os três fundamentos da confiança estão ligados e são sequenciais, como na Figura 4.1 abaixo:

Figura 4.1 – As etapas de desenvolvimento da confiança interpessoal sobre o tempo. J1 e J2 indicam a junção na qual alguns relacionamentos se baseiam no próximo nível de confiança

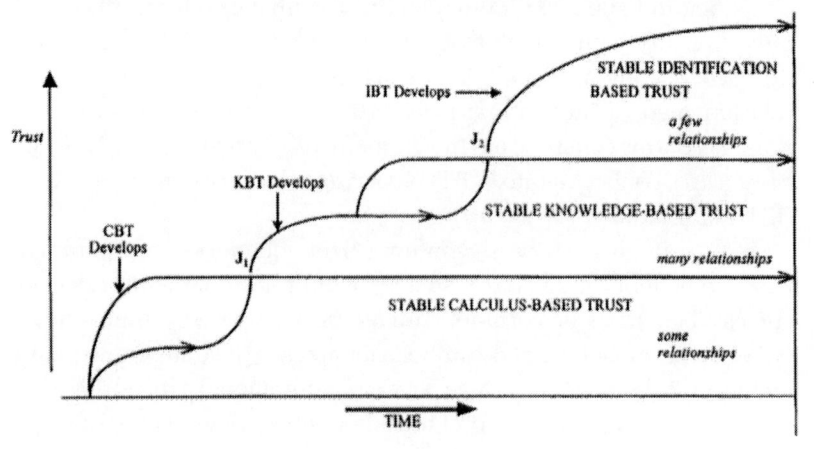

Fonte: Lewicki, R. J., & Bunker, B. B. 1995. p. 156.

O modelo de Lewicki & Bunker tem como premissa uma relação entre pessoas, projetada no tempo, em que as partes eventualmente são capazes de convergir em objetivos e valores. Mas como hoje, em tempos de transações *in real time online*, garantimos confiança? São relações descontinuadas, até mesmo instantâneas, em que as partes sequer possuem tempo para coletar informações para o cálculo do custo-benefício de se manter ou desfazer desta relação.

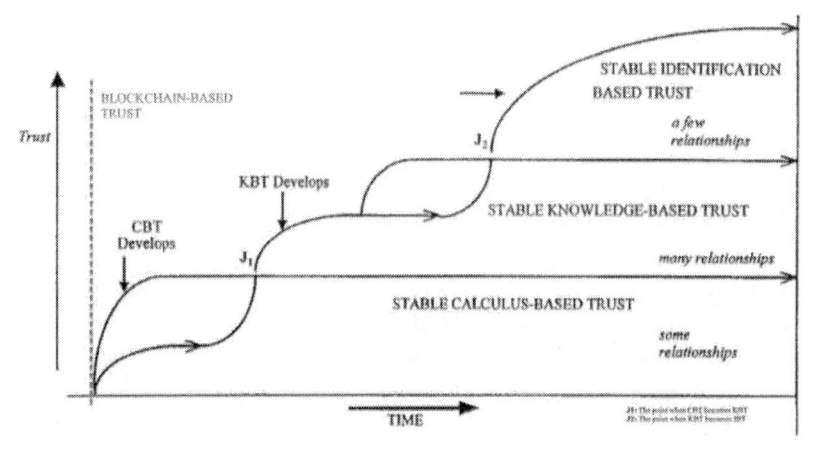

Figura 4.2 – As etapas de confiança sobre o tempo sobrepostas com a linha de confiança baseada na *blockchain*

Mais que isso, o tempo enquanto obstáculo para o conhecimento entre os atores não se mostra apenas escasso na relação entre as partes, mas também quanto aos demais envolvidos: servidor de dados, proprietários das plataformas e, em última instância, os estados soberanos que garantiriam a execução. Em outras palavras, o usuário não apenas tem um impedimento quanto ao estabelecimento de uma confiança mais vigorosa perante sua contraparte, mas também uma impossibilidade de calcular a confiabilidade dos demais *stakeholders*. Demonstra-se, portanto, a necessidade de uma confiança que garanta o processo de transação e a própria execução da transação em tempo real.

6.5 Contexto e demanda por uma arquitetura de confiança impessoal

Nos primórdios da humanidade, as relações ocorriam entre pessoas de carne e osso e a reputação individual delas era o objeto de avaliação. A vida social, contudo, cedo ou tarde nos fez abstrair a reputação individual pela reputação do grupo ao qual essa pessoa pertence. O sobrenome de família, o pertencimento a um clã ou tribo foi a primeira forma de construir uma identidade coletiva ou abstrata.

Logo, os negócios não eram mais entre pessoas de carne e osso, mas entre famílias, ainda que concretizados por seus chefes.

A era do terceiro de confiança foi além na abstração da pessoalidade. Em alguns povos da antiguidade oriental, em especial na Mesopotâmia, certas propriedades eram geridas por sacerdotes sem que, com isto, se confundissem com seu próprio patrimônio. Os templos eram, em uma interpretação admissível, bens dos próprios deuses. Em Roma, discute-se se houve ou não uma personalidade jurídica tal qual compreendemos hoje, isto é, com capacidade de adquirir direitos e deveres. Mas, sem maiores dúvidas, já existiam, de um modo ou de outro, as *collegia* – entidades legais coletivas.

Hoje, ao celebrarmos um contrato com o Governo Federal do Brasil, com a Organização Mundial de Saúde, com o Greenpeace, uma sociedade empresária ou uma fundação, é certo que estamos tratando com entidades que não se confundem com seus diretores ou representantes legais. Elas possuem patrimônio, direitos e existências próprias, devidamente reconhecidos pelos ordenamentos jurídicos onde atuam.

A criação de diferentes tipos de personalidades "ficcionais" foi sem dúvida uma criação jurídica elaborada com impactos incontáveis para a humanidade. Mas ao que tudo indica, nossa capacidade de abstração não está esgotada.

No conto *The bicentennial man*, o mestre da ficção científica Isaac Asimov antecipou em 1976 um desafio que em breve teremos de enfrentar. Ele narra o diálogo entre o robô Andrew Martin e o herdeiro e diretor da fábrica que o construiu, Smythe-Robertson. Andrew se declara um robô livre e proprietário de si próprio. E, assessorado por um humano, ameaça processar o industrial caso este negasse a realizar certos reparos em si (ASIMOV, 1976).

O diálogo pode ser fruto da inventividade do escritor soviético e androides sencientes ainda estão distantes da nossa realidade. Sem embargo, o desafio de lidar com relações jurídicas entre humanos e "máquinas" é algo iminente. De fato, com a Internet das Coisas, já temos máquinas que se comunicam e demandam entre si. Muito em breve, ao que mostram as tendências, para além de organizações autônomas como as já mencionadas DAO, unidades de decisão baseadas em algoritmos também negociarão e contratarão com humanos e, lógico, entre si.

A expressão "Internet of Things" foi cunhada por Kevin Ashton em 1999 (ASHTON, 2009), mas o conceito da Internet das Coisas a precede. Em 1982, um grupo de estudantes resolveu reprojetar a vending machine da Coca-Cola situada no departamento de ciência da computação da Carnegie Mellon University. Eles estavam cansados de caminhar até o equipamento e encontrá-lo sem refrigerantes ou com garrafas mornas. Assim, aplicando alguns microssensores, conectaram o dispensador à Internet, disponibilizando o *status* do seu inventário *on-line*: números de garrafas, quantas delas geladas, quantas mornas etc. (PATHAK e BHANDARI, 2018, p. 26)

Pouco tempo atrás, IoT era uma tendência em ascensão. Atualmente é uma realidade. Conforme o estudo *The Internet of transformation 2018*, os sensores e dispositivos conectados à Internet das coisas (IoT) somam mais 21 bilhões em 2018 e a expectativa é que alcancem 50 bilhões até 2022 (JUNIPER RESEARCH 2018)

Para os consumidores, IoT pode significar refrigeradores, TVs, portas, carros, termostatos e toda forma de dispositivos conectados à Internet e entre si. Na esfera empresarial, IoT significa automação logística, industrial, comercial e uma outra infinidade de soluções em TI.

Figura 5 – Imagem de *vending machines* em pedido de patente.

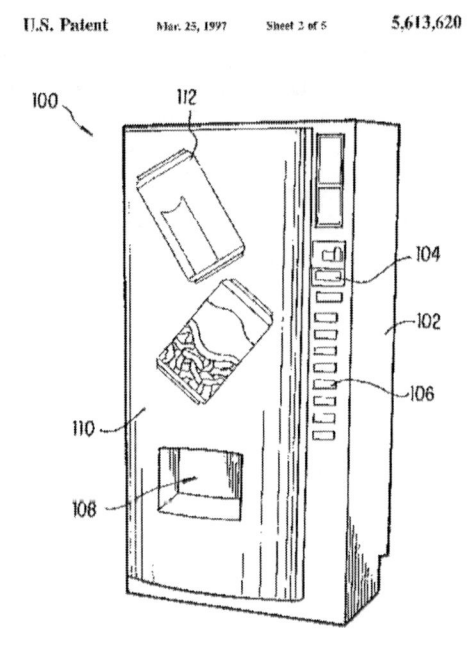

Fonte: (USPTO 1997).

Se a Internet das Coisas pode ser complementada pela tecnologia *blockchain* como sistema distribuído para a troca de dados sem um intermediário, além disso, os *smart contracts* podem também permitir transações automáticas e confiáveis entre máquinas. Em outras palavras, por meio dos *smart contracts*, nossos dispositivos ganham a possibilidade de "realizar contratos" e pagamentos diretamente entre si, sem a necessidade de um ser humano como intermediário.

O potencial de interação e transação *user-to-machine* e *machine--to-machine* pode revolucionar as estruturas e operações, tornando obsoletas as atuais relações de poder baseadas em hierarquia. Assim, projeta-se a necessidade e uma arquitetura de confiança impessoal que permita enxergar as máquinas não apenas como objetos, mas como atores ativos nas relações e transações. (SWAN, 2015, p. xi-xii).

7 Considerações finais

A confiança é elemento fundamental para o desenvolvimento da sociedade e, em diferentes contextos, aplicamos diferentes arquiteturas de confiança. A reputação e o Estado, como terceiro de confiança final, foram e são fundamentais para nos permitir cooperar socialmente. É neste sentido que a emergência da *blockchain* e seus *smart contracts* podem nos permitir outro salto para a cooperação social.

As tecnologias e aplicações da *blockchain* e dos *smart contracts* ainda estão em fase de amadurecimento. Não nos cabe cair na ingenuidade de vê-los como a solução para todos os problemas de confiança. No entanto, devemos destacar que existem sim demandas e contextos particulares que justificam o porquê de se exaltar suas potencialidades.

Não nos parece ficção científica a imagem de dois dispositivos, cada um em um canto do planeta, negociarem e contratarem entre si, sem intermediários humanos. Essa relação será, inevitavelmente, algorítmica, transnacional, distribuída, instantânea e impessoal. É esse cenário que enxergamos.

De fato, há várias questões a serem respondidas. Quais serão as diferenças nos arranjos transacionais (ex: *ex ante* x *ex post*)? Como se resolver a questão da incompletude contratual perante a rigidez da *blockchain*? Aliás, como será tratado o choque entre jurídico e técnico quando um *smart contract* tiver como objeto a transação de um bem ilícito?

O terreno fértil é, contudo, movediço. O tema é complexo e ainda estão sendo disputadas nomenclaturas e taxonomias. Ao que nos consta, contudo, acreditamos ter demonstrado o potencial desta tecnologia para aplicações diversas em nossa sociedade.

Tabela de comparação entre os Sistemas de Confiança

SISTEMA DE CONFIANÇA	REPUTAÇÃO	ESTADO-GARANTIDOR	BLOCKCHAIN
INSTRUMENTO	*Track record*	Jurisdição	*Smart contract*
VETOR	Norma social (comportamento)	Norma jurídica (direito)	Arquitetura (algoritmos)
ESFERA	Círculo de intimidade	Jurisdição (nacional/ internacional)	Ciberespaço (transnacional)
REDE	Pequena distribuída	Grande centralizada (ou multicentralizada)	Global distribuída
TEMPO	Relações contínuas	Relações descontínuas na mesma jurisdição	Relações instantâneas no ciberespaço
PESSOALIDADE	Amizade, família e conhecidos (*peer-to-peer*)	*Govern-to-Citizen* (em última instância), somando personalidades jurídicas	*Machine-to-Machine*, DAO, *Peer-to-Peer* e as anteriores

Referências

ASHTON, K. *That 'Internet of Things' Thing*, 2009. Disponível em: https://www.rfidjournal.com/articles/view?4986. Acesso em: 26 nov. 2018.

ASIMOV, I. *The bicentennial man and other stories*. Doubleday, 1976.

BAIRD, L. *The Swirlds Hashgraph consensus algorithm*: fair, fast byzantine fault tolerance. Swirlds Tech Report Swirlds, 2016.

BRAFMAN, O.; BECKSTROM, R. *The starfish and the spider*: the unstoppable power of leaderless organizations. New York, 2014.

CONG, L. W.; HE, Z. *Blockchain disruption and smart contracts*. 2018.

DE FILIPPI, P.; HASSAN, S. *Blockchain technology as a regulatory technology*: from code is law to law is code. Disponível em: https://journals.uic.edu/ojs/index.php/fm/article/view/7113/5657. Acesso em: 3 dez. 2023.

DOLINGER, J. Direito Internacional Privado – do princípio da proximidade ao futuro da humanidade. *In: Direito e amor e outros temas*. Rio de Janeiro: Renovar, 2009, p. 145-146.

DUNBAR, R. I. M. Coevolution of neocortical size, group size and language in humans. *Behavioral and Brain Sciences*, v. 16, ed. 4, p. 681-735, 1993. DOI: https://doi.org/10.1017/S0140525X00032325.

FINANTIAL TIMES. *Yuval Noah Harari challenges the future according to Facebook*. 2018. Disponível em: https://www.ft.com/content/ac0e3b20-0d71-11e7-a88c-50ba212dce4d. Acesso em: 3 dez. 2023.

HARARI, Y. N. *Sapiens*: Uma breve história da humanidade. São Paulo: Editora Harper, 2011.

HARVEY, D. *A condição pós-moderna*. São Paulo: Loyola, 1993.

JUN, M. Blockchain government – a next form of infrastructure for the twenty-first century. *Journal of Open Innovation: Technology, Market, and Complexity*, 2018. DOI: 10.1186/s40852-018-0086-3.

JUNIPER RESEARCH. *IoT – The Internet of transformation 2018*. Disponível em: https://www.juniperresearch.com/document-library/white-papers/iot-the-internet-of-transformation-2018. Acesso em: 23 nov. 2018.

LEWICKI, R. J.; BUNKER, B. B. *Trust in relationships*: A model of development and decline. San Francisco: Jossey Bass, 1995.

LIPTAK, Adam. Sent to prison by a software program's secret algorithms. *New York Times*, 2017. Disponível em: https://www.nytimes.com/2017/05/01/us/politics/sent-to-prison-by-a-software-programs-secret-algorithms.html. Acesso em: 23 nov. 2018.

MCLUHAN, M. *A Galáxia de Gutenberg*: a formação do homem tipográfico. São Paulo: Nacional, 1977.

NAKAMOTO, S. *Bitcoin*: A peer-to-peer electronic cash system, 2008.

PATHAK, N.; BHANDARI, A. IOT, AI, and Blockchain for .NET. Nova York: Apress, 2018.

PEYREFITTE, A. *A sociedade de confiança*: ensaio sobre as origens e a natureza do desenvolvimento. Rio de Janeiro: Topbooks Editora, 1999.

RASKIN, M. The law and legality of smart contracts. *Georgetown Law Technology Review*, p. 305, 2017.

SIMONITE, Tom. *Wired*. How coders are fighting bias in facial recognition software. 2018. Disponível em: https://www.wired.com/story/how-coders-are-fighting-bias-in-facial-recognition-software/. Acesso em: 23 nov. 2018.

STATE OF WISCONSIN *vs*. LOOMIS, 881 N.W.2d 749. 2016. Disponível em:

https://www.nytimes.com/2016/06/23/us/backlash-in-wisconsin-against-using-data-to-foretell-defendants-futures.html. Acesso em: 25 jun. 2018.SWAN, M. *Blockchain*: blueprint for a new economy. Sebastopol: O'Reilly, 2015.

SZABO, N. *Smart contracts*: building blocks for digital markets. 1996. Disponível em: http://www.fon.hum.uva.nl/rob/Courses/InformationInSpeech/CDROM/Literature/LOTwinterschool2006/szabo.best.vwh.net/smart_contracts_2.html. Acesso em: 23 nov. 2018.

TEUBNER, G. Direito, Sistema e Policontexturalidade. Piracicaba: Editora Unimep, 2005.

USPTO (1997, março 25). Patent No. US 5.613.620.

WEHBERG, H. *Pacta sunt servanda. The American Journal of International Law*, v. 53, ed. 4, p. 775-86, 1959. DOI: 10.2307/2195750.

WERBACH, K.; CORNELL, N. Contracts *ex machina. Duke Law Journal*, 2017.

WOLF, K. Patterns of legitimation in hybrid transnational regimes: the controversy surrounding the *lex sportiva. Politics and Governance*, v. 5, ed. 1, p. 63-74, 2018.

Wright, A.; De Filippi, P. Decentralized blockchain technology and the rise of *lex cryptographia. Social Science Research Network*, 2015.

Informação bibliográfica deste texto, conforme a NBR 6023:2018 da Associação Brasileira de Normas Técnicas (ABNT):

FRANÇA, Felipe Melo. NÓBREGA, Marcos. Pacta sunt servanda 3.0: contextos e demandas para a era do *blockchain*. *In*: NÓBREGA, Marcos (coord.). *Transformação digital e administração pública*: "o futuro não é mais como era antigamente". Belo Horizonte: Fórum, 2024. p. 31-63. ISBN 978-65-5518-649-9.

SMART CONTRACTS OU "CONTRATOS INTELIGENTES": O DIREITO NA ERA DA *BLOCKCHAIN*

MARCOS NÓBREGA
MARIANA MELO

1 Introdução

Desde o ano de 2008, as inovações engendradas pela publicação do *paper "Bitcoin: a peer-to-peer electronic cash system"* (ou, em tradução livre, *"Bitcoin*: um sistema ponto-a-ponto de dinheiro eletrônico"), de Satoshi Nakamoto (2008), têm provocado relevantes modificações na maneira como compreendemos o Direito, o mercado e a economia. Mais do que isso: o emergir de moedas descentralizadas e contratos autoexecutáveis tem o condão de alterar a forma como exercemos a própria democracia.

Para compreender os meandros da questão, é importante saber, de início, que no fundamento do *bitcoin* está uma tecnologia ainda maior: a *blockchain*, uma estrutura de dados que representa uma entrada de contabilidade financeira ou um registro de uma transação. No entanto, assim como a escrita não se reduziu à sua finalidade original – os sumérios a desenvolveram por volta do ano de 3.500 a.C. para contabilizar valores –, a *blockchain* possui, atualmente, diversas aplicações.

Indo desde a catalogação e rastreio de bens de valor – e, nesta senda, transitando pelas certificações, Internet das coisas (IoT), recolhimento de direitos autorais e transação de ativos no mercado financeiro, a tecnologia *blockchain* promete revolucionar a economia do setor público, garantindo mais transparência nos negócios do governo e demandando profundas modificações na atual regulação das licitações, votações e demais mecanismos de escolha pública.

Como exemplo da repercussão de tais iniciativas, é possível citar a experiência da Estônia. Sendo pioneiro nessa seara, o país desenvolveu o conceito de "e-government" (https://e-estonia.com/), implementando uma ampla gama de serviços digitais, como o registro de dados médicos em *blockchain*. De fato, 99% dos serviços públicos disponíveis no país têm acesso digital, sendo possível até mesmo votar, casar, divorciar-se ou registrar propriedades na rede. O último serviço dessa natureza a ser lançado foi o "e-residency", descrito como "uma identidade digital transnacional que pode fornecer a qualquer um, em qualquer lugar, a oportunidade de ter sucesso como empreendedor".[1]

Assim, tidos como cidadãos e efetivos residentes da Estônia, os residentes eletrônicos recebem uma identificação digital emitida pelo governo e um acesso total aos serviços eletrônicos públicos da Estônia, o que, segundo o governo, lhes permitiria estabelecer um negócio confiável da União Europeia, com todas as ferramentas necessárias para realizar negócios globalmente, a custo e dificuldades mínimos.

Todo o sistema está baseado na tecnologia KSI *Blockchain*, cujos dados são insuscetíveis de alteração até mesmo pelo próprio governo, garantindo autenticidade e não-corrupção pela própria natureza da tecnologia, conforme se verá.

Como a Estônia de fato se tornou uma "sociedade digital", o país passou a ser altamente dependente dos sistemas de informação e da segurança dos seus dados. Dessa forma, criou o conceito de "Embaixada de Dados",[2] que representa vários servidores de dados espalhados em vários locais fora de seu território, mas que continuam sob jurisdição da Estônia, levando ao extremo a ideia de descentralização e caminhando para se tornar, realmente, um "país sem fronteiras".

No Brasil, iniciativas como o "Mudamos"[3] pugnam pelo uso da *blockchain* para tornar mais eficiente o uso dos mecanismos do exercício de democracia de forma direta, conforme previsão do art. 1º, parágrafo

---

[1] Em tradução livre dos dados constantes do sítio https://e-resident.gov.ee/.
[2] OECD. *Embracing Innovation in Government*: Global Trends 2018, 2019. Disponível em: https://www.oecd.org/gov/innovative-government/embracing-innovation-in-government-2018.pdf. Acesso em: 2 mar. 2019.
[3] Disponível em: www.mudamos.org. Acesso em: 3 jul. 2020.

único, da Constituição Federal, validando com segurança as assinaturas necessárias para o oferecimento de um projeto de lei de iniciativa popular, para o qual se exige a subscrição por, no mínimo, um por cento do eleitorado nacional, distribuído pelo menos por cinco estados, com não menos de três décimos por cento dos eleitores de cada um deles (art. 61, §2º, da Constituição).

As possibilidades da *blockchain* e estruturas semelhantes são diversas e aplicáveis aos ramos do Direito Constitucional, do Direito Administrativo, do Direito Concorrencial e da Propriedade Intelectual, entre outros. Contudo, essa nova tecnologia possibilitou a aplicação prática de uma ideia que, até então, somente existia no papel: os chamados "contratos inteligentes" (*smart contracts*) que, com suas características de autoexecução e autoimplementação, são capazes de transformar a atual visão dos contratos, lançando desafios não só para a teoria tradicional do Direito Privado, mas para toda a hermenêutica jurídica contemporânea.

Este é o ponto fulcral do presente artigo, que utiliza a pesquisa bibliográfica como metodologia de investigação do tema, pouco tratado no contexto global e nacional. Na seção 2, discutiremos as principais características dos *smart contracts*, contemplando aspectos como natureza jurídica, incentivos e formalização. Na parte 3, abordaremos a definição, características e funções de tais contratos, confrontando-os com as transformações sofridas pela teoria dos contratos em decorrência da ascensão do neoconstitucionalismo, com o advento dos movimentos conhecidos como "constitucionalização do direito privado" e "repersonalização do direito civil".

A seguir, também analisaremos os *smart contracts* sob o prisma da análise econômica do Direito, buscando compreender as (im)possibilidades de tal ferramenta não só em face das perspectivas hermenêuticas, mas também em razão de suas consequências e impactos na modulação da conduta humana por meio de incentivos.

2 A inteligência dos novos contratos: entendendo os *smart contracts*

2.1 Os *smart contracts* são contratos?

Traduzido como "contrato inteligente", o termo *"smart contract"* foi cunhado no ano de 1994 por Nick Szabo, renomado professor e criptógrafo tido por muitos como a mente por trás do pseudônimo de Satoshi Nakamoto. Para SZABO (1996), "novas instituições e novas maneiras de formalizar as relações que compõem essas instituições agora são possíveis graças à revolução digital".

Cunhando o termo, SZABO (1996) diz chamar "esses novos contratos de "inteligentes", porque eles são muito mais funcionais do que seus ancestrais inanimados baseados em papel. Nenhum uso de inteligência artificial está implícito", definindo que "um contrato inteligente é um conjunto de promessas especificadas em formato digital, incluindo protocolos nos quais as partes cumprem essas promessas".

Percebe-se, no entanto, que a definição é vaga, não estabelecendo um claro entendimento do que são *smart contracts*, deixando dúvidas sobre se eles são de fato contratos, já que teriam sido descritos apenas como "conjuntos de promessas". Da mesma forma, Szabo não esclarece o que são "protocolos" e como as partes se relacionarão diante deles. Assim, é importante saber se os *smart contracts* apenas incluem promessas ou significa também que o contrato executa esses protocolos.

Kevin Werbach e Nicolas Cornell, professores de Direito, respectivamente, na Universidade da Pensilvânia e na Michigan Law School, conceituam *smart contract* como "um acordo em formato digital que é autoexecutado e autoimplementado"[4] (WERBACH e CORNELL, 2017). Para os autores, *smart contracts* são contratos cuja completa execução é feita por sistema computacional sem a oportunidade de intervenção humana. Esses contratos são, portanto, autoexecutáveis e não haveria espaço, *a priori*, para questioná-los na justiça, o que os diferencia das outras formas de contrato eletrônico.

Um exemplo seria, hipoteticamente, um contrato de seguro que pagasse o prêmio caso a temperatura excedesse um determinado nível por cinco dias consecutivos. Nesse caso, um *site* referenciado seria imediatamente acessado e o contrato executado pela transferência imediata de *bitcoins*.

Delmolino *et al.*, do departamento de Ciências da Computação de Maryland, EUA, descrevem os *smart contracts* como "programas definidos pelo usuário que especificam as regras que governam as transações, e que são aplicadas por uma rede de pares (assumindo que

---

[4] *"A smart contract is an agreement in digital form that is self-executing and self-enforcing".*

a criptomoeda subjacente é segura)".[5] Os autores demonstram a relação entre *smart contract*, *blockchain* e criptomoedas da seguinte forma:[6]

Figura 1 – Estrutura de blocos

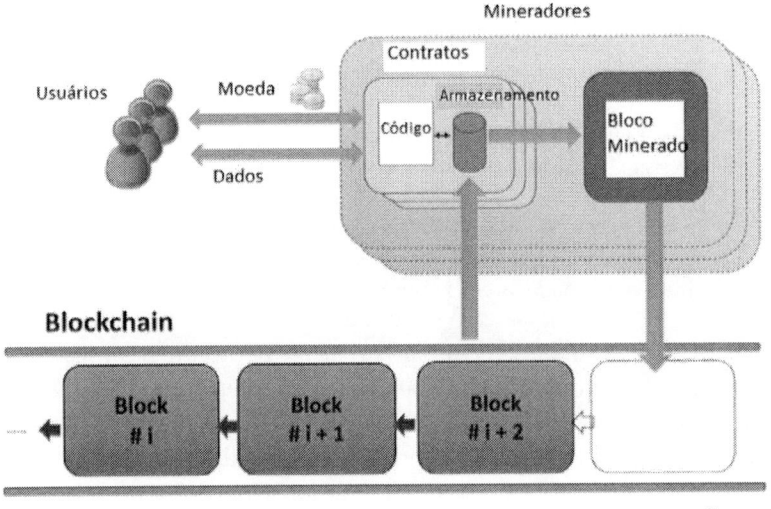

Fonte: WERBACH e CORNELL, 2017

Sob esta ótica, o *smart contract* é uma ideia mais sofisticada do que o mero protocolo de transação automático ou computadorizado, popularizado desde a década de 50 com as chamadas *vending machines*, máquinas automatizadas que fornecem itens como lanches, bebidas e cigarro para os consumidores após a inserção de dinheiro ou pagamento com cartão de crédito realizado diretamente no aparelho. Ainda assim, Max Raskin, da New York University School of Law, os identifica

---

[5] DELMOLINO *et al*. Step by step towards creating a safe smart contract: lessons and insights from a cryptocurrency lab. *In*: J. Clark *et al*. (eds.). *International Financial Cryptography Association*: FC 2016 Workshops, LNCS 9604, 2016.

[6] A figura é assim descrita: "Esquema de um sistema descentralizado de criptomoedas com contratos inteligentes. Um contrato inteligente é armazenado na *blockchain* pública. Um programa de contrato inteligente é executado por uma rede de mineradores que alcançam consenso sobre o resultado da execução e atualizam o estado do contrato na *blockchain*. Os usuários podem enviar dinheiro ou dados para um contrato; ou receber dinheiro ou dados de um contrato" (tradução livre). Para a melhor compreensão do leitor, esclarecemos que se dá o nome de "mineradores" àquelas pessoas que, por meio dos *nodes* (nós) em seus computadores, confirmam as transações na rede *blockchain*.

como uma espécie de *smart contract*, já que os define como "acordos em que a execução é automatizada, geralmente por computadores"[7] (RASKIN, 2017).

Para os juristas, o termo *smart contract* significa um especial conjunto de obrigações, ao passo que, para os cientistas da computação, representa um contrato em termos de código. Dessa forma, Stark[8] observa que há duas maneiras de analisar o fenômeno dos smart contracts:

> *Smart Legal Contracts*: corresponderia à visão dos juristas e corresponde a enxergar os contratos, ou parte deles, sendo representados e executados por *softwares*.
> *Smart Contract Code*: nesse caso, para um *smart contract* ser executado, necessitará de uma ou mais peças de código designada para executar uma determinada tarefa se condições predefinidas forem preenchidas.

Assim, para Stark, cada *smart contract* pode conter várias peças de códigos, que consubstanciariam um *smart contract* para fins legais. Porém, antes de discutirmos as particularidades dos *smart contracts*, precisamos analisar se, sendo contratos, em qual tipo se enquadrariam.

Voltando à problemática da definição, SHKALTZ (2018) os define como "uma promessa, ou grupo delas, que são elaboradas em uma plataforma de *blockchain* e executadas por um sistema de computador". O autor procurou evitar a palavra "contrato" em sua primeira análise e não achou por bem usar a característica de que esses contratos não possam ser interrompidos por quem quer que seja. Assim o fez porque entendeu que essa é uma característica ínsita da tecnologia *blockchain*, e não especificamente dos *smart contracts*.

Outra problemática suscitada pelo autor diz respeito à parte do *smart contract* que deveria ser executada em uma base de *blockchain* para que fosse considerada como tal. Nesse sentido, existem duas possíveis alternativas: a) o contrato inteiro deverá assumir forma computacional e ser executado em plataforma *blockchain* ou b) apenas uma parte dele pode assumir essa característica.

Para o autor – opinião que corroboramos – não é necessário que todo o contrato seja executado em *blockchain*, basta apenas que parte dele o seja, para que seja considerado como um *smart contract*. Assim,

---

[7] No original, *"agreements wherein execution is automated, usually by computers"*.
[8] Também citado em CLACK, C., BAKSHI, V. & Braine, L. (2016, revised March 2017). *Smart contract templates*: foundations, design landscape and research directions.

partes pretextuais, qualificação das partes e outros não precisam estar na *blockchain*, pois não sinalizam nenhum comando específico.

Werbach e Cornell não necessariamente qualificam os *smart contracts* como contratos para a legislação americana, chegando a esta conclusão ao analisar uma série de conceitos de contratos. Dizem esses autores, por exemplo, que um contrato típico é um acordo que pode ser judicialmente questionado. Esse acordo deve considerar aspectos objetivos e subjetivos.[9]

Os *smart contracts*, desta forma, substituiriam os acordos de cavalheiros, que não seriam submetidos às cortes. Os autores, contudo, observam que, estritamente falando, isso não significa que as partes estariam abrindo mão de irem à Justiça neste caso. Eles dão o exemplo de uma eventual hipótese de *shut down* do *blockchain*: a quem as partes recorreriam? Os autores não deixam isso claro. Werbach e Cornell, então, oferecem uma definição alternativa de contrato ao sugerir que contratos seriam quaisquer acordos que promovessem consequências práticas nos direitos e deveres das partes, ou seja, não tratariam meramente de aspirações. Um bom exemplo seria o mercado de diamantes, um tipo de acordo de cavalheiros. Esse mercado é organizado para promover o baixo custo e rápida disseminação da informação sobre reputação. Tal reputação é disseminada intraindústria e as disputas são quase todas resolvidas fora do sistema legal.

Nesse acordo de vontades, cerne da caracterização do contrato, o ponto central do debate é o aspecto volitivo. Nesse aspecto, nos Estados Unidos, a lei não afirma de que forma a vontade das partes deve ser expressa. Logo, parece não haver impedimento, sob o aspecto da vontade das partes, em caracterizar os *smart contracts* como contratos. Tanto isso é verdade que nas últimas décadas, as cortes têm aceitado o uso de vários tipos de contratos eletrônicos.

Apesar disso, uma crítica que se faz à possibilidade de considerar *smart contracts* como contratos é que, mesmo que haja problemas na formação dos contratos (vícios de consentimento, por exemplo), ele será executado e os tribunais nada poderão fazer. Muito embora isso, em essência, não seja muito diferente dos contratos "normais" quando, no mais das vezes, a análise pelo Judiciário só é feita *ex post*.

---

[9] WERBACH, Kevin D.; CORNELL, Nicolas, Contracts *ex machina*, 2017. *67 Duke Law Journal*. Disponível em: https://ssrn.com/abstract=2936294. Acesso em: 13 out. 2018.

Outro ponto a considerar é saber quem passará a responder pela elaboração dos contratos. Serão os advogados ou os programadores de computador? Se a premissa "o código é lei" está correta, quais os tipos de cláusulas poderiam ser submetidas a esses tipos de contrato? Naturalmente, apenas aquelas que se submetessem à lógica booleana (conjunto de operadores e de axiomas que são assumidos como verdadeiros sem necessidade de prova, utilizados na programação).

Além do acordo de vontades, outro elemento de presença obrigatória no contrato é a barganha (*consideration*, em inglês). Assim, o contrato deve ser executado de acordo com a troca predeterminada pelas partes. Isso não parece grande problema, afinal, os *crypto tokens* são já comuns em diversos contratos.[10]

Ocorre que, em que pese sua exequibilidade automática, o mesmo não se garante em relação ao adimplemento, uma vez que é mais difícil impedir, por exemplo, que a parte esvazie a carteira vinculada àquele contrato, retirando-lhe os fundos. Se inexistente uma reserva prévia dos valores, seria necessário um comando mais sofisticado para garantir a permanência de fundos mínimos na carteira associada.

Werbach e Cornell também questionam o aspecto da capacidade do agente nos *smart contracts*, já que não há nenhum controle sobre isso. Outro problema (ainda maior) é a questão de quem opera os *smart contracts* não são pessoas, mas chaves criptográficas. Dessa forma, os autores acreditam que como quem executa o contrato é a máquina, as pessoas perderiam a capacidade legal de executar o contrato.

Para alguns,[11] no entanto, *smart contracts* nem contrato são, mas sim meros programas de computador que executam um acordo preexistente e que já teria se aperfeiçoado sob as hostes do direito contratual tradicional. Assim, *smart contracts* seriam apenas um instrumento para executar um contrato já existente, e não um contrato em si. Outros argumentam que o termo *smart contract* não é adequado, pois, apesar destes poderem compartilhar algumas similitudes com os contratos normais, cumpre investigar onde esses "pontos de contato" começariam e terminariam.

---

[10] *Tokens* ou ativos de criptografia, como os *bitcoin tokens*, são tipos especiais de *tokens* de moeda virtual que existem em suas próprias *blockchains* e representam um ativo ou utilitário.

[11] LIM, Cheng *al*. Smart contracts, bridging the gap between expectation and reality. *Oxford Bus. L. Blog*, 2016. Disponível em: https://blogs.law.ox.ac.uk/business-law-blog/blog/2016/07/smart-contracts-bridging-gap-between-expectation-and-reality. Acesso em: 5 dez. 2023.

A natureza contratual dos *smart contracts* também é analisada por Sklaroff.[12] Para o autor, os *smart contracts* estariam mais para um *app* do que para um contrato, porque extinguiriam a barreira entre a celebração do acordo e a execução do contrato. Isso se dá porque enquanto os contratos tradicionais são cumpridos naturalmente ou são questionados na Justiça, os *smart contracts* são compostos de códigos computacionais e executados em plataformas *blockchain*. Uma vez celebrado, não haveria como voltar atrás.

Assim, ainda segundo Sklaroff, os *smart contracts* exigem que o relacionamento estabelecido entre duas firmas seja completamente formado (contrato completo) e precisamente definido, eliminando toda e qualquer forma de flexibilidade, crucial na teoria contratual hodierna. Sendo assim, advoga que os custos de transação estabelecidos nos *smart contracts* podem ser maiores do que os associados aos contratos normais, afinal, abre-se mão da flexibilidade em nome de uma confiança maior (*trustness*), mas há uma consequência disso: os elevados custos de transação.

Em segundo lugar, alega Sklaroff, como os *smart contracts* por definição não podem ser levados ao Judiciário, é necessário encontrar algum mecanismo que compense a sua violação. Esse é realmente um ponto polêmico. Uma discussão interessante é que estaríamos caminhando para uma nova fase do Direito, o que chamaríamos de *lex cryptographia*[13] e que vai além da *lex mercante* e da *lex informatica*. Trata-se, pois, de uma nova maneira de encarar os contratos e o Direito contratual, buscando uma maior eficiência.

No dizeres de Sklaroff, há uma outra dimensão na qual os *smart contracts* estão inseridos, na qual se deve avaliar o impacto que a sua utilização terá na firma, ou ainda, o quanto o redesenho dos custos de transação modificará os argumentos de Coase e Williamson.[14] Isso porque, como nos ensinou Coase, as transações são efetuadas nas empresas porque o custo de ir ao mercado é elevado. Assim, faz mais sentido realizar as tarefas internamente. Esse é o argumento clássico.

---

[12] SKLAROFF, Jeremy. *Smart contracts and the cost of inflexibility*, 2017. Disponível em: https://scholarship.law.upenn.edu/cgi/viewcontent.cgi?article=1009&context=prize_papers. Acesso em: 5 dez. 2023.

[13] FRANÇA, Felipe; NÓBREGA, Marcos. *Pacta sunt servanda 3.0: blockchain e a nova arquitetura de confiança*. In: COSTA, Marco A. M. (org.). *Aspectos jurídicos do blockchain*. São Paulo: Trevisan, 2019.

[14] NÓBREGA, Marcos. *Direito da infraestrutura*. Editora Quartier Latin, 2011.

Ocorre que, com a tecnologia em geral – e os *smart contracts* em especial – os custos de transação totais (mesmo sopesando o aumento dos custos de transação *ex ante*) podem diminuir drasticamente, o que induziria a uma diminuição do tamanho da firma e o processamento de informações em uma nova perspectiva de governança, além do mercado e da firma, uma estrutura de *blockchain*.

Assim, os relacionamentos contratuais de longo prazo seriam "quebrados" em inúmeras microtransações, codificadas e automaticamente executadas. Com as inovações tecnológicas, vendedores e compradores anônimos se conectariam com base em parâmetros de reputação eletrônica (uma espécie de *signaling* 2.0) e os custos de transação despencariam. O mais importante é que, certamente, teremos uma transformação na natureza da empresa em si. Se essa perspectiva realmente se realizar, as teorias de administração de empresas também sofrerão grande mudança e adaptação.

2.2 *Smart contracts* e o Direito brasileiro

Firmadas tais premissas, uma questão prática se impõe: segundo a legislação brasileira, como analisar o conceito de *smart contracts*?

Para Caio Mário da Silva Pereira, contrato é um negócio jurídico bilateral que necessita do consentimento. Exige conformidade com a ordem legal e, sendo ato negocial, tem por escopo aqueles objetivos específicos. Para o autor o "contrato é um acordo de vontades, na conformidade da lei, e com a finalidade de adquirir, resguardar, transferir, conservar, modificar ou extinguir direitos" ou, ainda, "acordo de vontades com a finalidade de produzir efeitos jurídicos".[15]

Pablo Stolze Gagliano e Rodolfo Pamplona Filho entendem que o contrato "é um negócio jurídico por meio do qual as partes declarantes, limitadas pelos princípios da função social e da boa-fé objetiva, autodisciplinam os efeitos patrimoniais que pretendem atingir, segundo a autonomia das suas próprias vontades".[16] Concluem que sem "querer humano" não haverá negócio jurídico, tampouco contrato. Dizem, enfim, que o fator diferenciador dos contratos dos demais negócios

---

[15] PEREIRA, Caio Mário da Silva. *Instituições de Direito Civil*. Rio de Janeiro: Forense, 2014, p. 314.
[16] GAGLIANO, Pablo Stolze; PAMPLONA FILHO, Rodolfo. *Manual de Direito Civil*. 10. ed. rev. e atual. São Paulo: Saraiva, 2014.

jurídicos é a convergência de vontades contrapostas, estabelecendo o chamado consentimento.

Maria Helena Diniz, por sua vez, afirma que "contrato é o acordo de duas ou mais vontades, na conformidade da ordem jurídica, destinado a estabelecer uma regulamentação de interesses entre as partes, com o escopo de adquirir, modificar ou extinguir relações jurídicas de natureza patrimonial".[17]

Fábio Ulhoa Coelho define o contrato como um "negócio jurídico bilateral ou plurilateral gerador de obrigações para uma ou todas as partes, às quais correspondem direitos titulados por elas ou por terceiros".[18] Logo, não há contrato sem a intenção característica dos negócios jurídicos porque a conduta humana intencional encerrada no contrato é a declaração de uma vontade.

Carlos Roberto Gonçalves vai na mesma toada dos demais, observando que o contrato é uma espécie de:

> negócio jurídico que depende, para a sua formação, da participação de pelo menos duas partes. É, portanto, negócio jurídico bilateral ou plurilateral. Com efeito, distinguem-se, na teoria dos negócios jurídicos, os unilaterais, que se aperfeiçoam pela manifestação de vontade de apenas uma das partes, e os bilaterais, que resultam de uma composição de interesses.[19]

O fundamento ético do contrato, para Caio Mário da Silva Pereira, é a vontade humana, desde que atue na conformidade da ordem jurídica.[20] Seu *habitat* é a ordem legal. Seu efeito, a criação de direitos e de obrigações. O contrato é, pois, "um acordo de vontades, na conformidade da lei, e com a finalidade de adquirir, resguardar, transferir, conservar, modificar ou extinguir direitos. Desde Beviláqua, o contrato é comumente conceituado de forma sucinta como o "acordo de vontades para o fim de adquirir, resguardar, modificar ou extinguir direitos".

Dessa forma, quanto mais pesquisamos na doutrina brasileira, mais nos centraremos em dois aspectos principais, definidores e constitutivos dos contratos: acordo bilateral e manifestação de vontade.

---

[17] DINIZ, Maria Helena. *Tratado teórico e prático dos contratos*. 6. ed. Editora Saraiva, 2006. v. 1.
[18] COELHO, Fábio Ulhoa. *Curso de Direito Civil*: Contratos. São Paulo: Editora Revista dos Tribunais, 2016, V. 3.
[19] GONÇALVES, Carlos Roberto. *Direito Civil Brasileiro*: Contratos e atos unilaterais. São Paulo: Saraiva, 2014, V. 3.
[20] *Ibidem*.

Sob tais pressupostos, não vemos nenhum óbice para considerar os *smart contracts* como contratos no Direito brasileiro. O fato de serem autoexecutáveis e autônomos não os descaracteriza como contratos segundo a legislação pátria.

2.3 Smart contract poderia ser considerado um instrumento pré-legal?

É Shkaltz[21] que faz essa análise, desta feita invertendo a questão: Quais os componentes do *smart contract* que o diferencia dos contratos tradicionais? A resposta é óbvia: uma parte do contrato, pelo menos a parte operacional, é executada em plataforma *blockchain*.

A literatura anglo-saxã tem apresentado dois aspectos nos quais os *smart contracts* caberiam na perspectiva dos contratos normais: *self--remedy* e *escrow*.[22]

Segundo Luciano Timm, *self-help remedy* é o instrumento que permite à parte prejudicada se abster temporária ou definitivamente do cumprimento contratual (análogo à exceção de contrato não cumprido do art. 476 do CC ou à cláusula resolutiva tácita do art. 474 do CC). Basicamente esses *self-help remedies* são dois: a) suspensão da execução do contrato; b) resolução do contrato.[23]

O entendimento de *smart contracts* como espécie de *self-help remedy* é trazido por Max Raskin, considerando que nos *smart contracts* não há recursos ao Judiciário ou a qualquer outro terceiro, tudo se resolvendo intrinsicamente ao contrato. Sob esse argumento, Raskin argumenta que *smart contracts* são contratos e não apenas mecanismos automáticos de performance, estabelecidos além do contrato.[24]

---

[21] GONÇALVES, Carlos Roberto. *Direito Civil Brasileiro*: Contratos e atos unilaterais. São Paulo: Saraiva, 2014, V. 3.

[22] *Escrow* é uma *garantia* prevista em um contrato ou acordo comercial que é mantida sob a responsabilidade de um terceiro até que as cláusulas desse acordo sejam cumpridas por ambas as partes envolvidas no negócio.

[23] Com base diz Timm (*apud* FARNSWORTH. *Farnsworth on contracts*, p. 502 e PERILLO; CALAMARI, *Calamari and Perillo on contracts*, p. 513): "Essas condições decaem em casos de *waiver* (renúncia do exercício do direito), *forfeiture* (situações de abuso e enriquecimento injustificado da parte) ou *breach ou repudiation* (violação positiva do contrato pela outra parte), que se nega a colaborar para a execução do contrato ou que alega que não cumprirá o acordo)".

[24] RASKIN, Max. The law and legality of smart contracts. *Georgetown Law Technology Review* 304, 2017. Disponível em: https://ssrn.com/abstract=2959166. Acesso em: 13 out. 2017.

Werbach e Cornell, em obra retrocitada, criticam essa abordagem porque o *self-help remedy* dos contratos normais pode ser supervisionado pelas Cortes (em caso, por exemplo, de inadimplemento ou por meio da exceção do contrato não cumprido), ao contrário do *smart contract*.

Já o *smart contract* como um *escrow* é um argumento adicional de Shkaltz, que vê o *smart contract* como um acordo que embute uma garantia, um *escrow*, na expressão do direito americano. Vicente Filho e Amanda Gimenes observam que depósito *escrow* servirá como "espécie de garantia ao comprador, que poderá exigir a restituição de parte ou da totalidade do preço, a título de indenização, em razão de contingências previstas no contrato que venham a ocorrer durante lapso de tempo convencionado pelas partes".[25] Adicionalmente, observam que a restituição do preço depositado como *escrow* poderá depender, ainda, do cumprimento de obrigação acessória.

Nos dizeres de Leonardo Tonelo, os valores depositados em *escrow account* são retidos e descontados do preço a ser pago pelo comprador ao vendedor e poderão ser utilizados para a quitação de contingências materializadas no período de tempo definido entre as partes.[26]

Assim, *escrow* é a estipulação de um terceiro depositário que devolverá a garantia quando o contrato for executado. Para ser considerado como um *escrow*, é preciso se atender às seguintes condições: a) a existência de um acordo entre as partes; b) a designação de um terceiro depositário; c) a entrega de um bem ou valor para esse terceiro, que se compromete a devolvê-lo quando o contrato for adequadamente executado; d) renúncia do vendedor.

Shkaltz pontua que a segunda e terceira condições seriam atendidas porque a plataforma *blockchain* seria uma espécie de garantidor da execução do contrato. Onde está, pois, a novidade? Se *smart contracts* são contratos que trazem embutido um mecanismo de *escrow* – representado pela plataforma *blockchain* –, a novidade é exatamente a característica da própria plataforma, que determina que o contrato não poderá ter interrompida sua execução.

---

[25] MARQUES FILHO, Vicente de Paula; GIMENES, Amanda Goda. *Contrato de escrow em operações de fusões e aquisições*. Escrow agreement in mergers and acquisitions market, 2012. Disponível em: http://www.publicadireito.com.br/artigos/?cod=7a02741932bb4c9d. Acesso em: 12 set. 2018.

[26] TONELO, Leonardo. *M&A – Garantias para o comprador por passivos e contingências da empresa adquirida*, 2018. Disponível em: https://fplaw.com.br/questoes-praticas-a-serem-observadas-na-aquisicao-de-empresas-no-setor-de-varejo-supermercadista-parte-ii/. Acesso em: 20 dez. 2023.

2.4 Características dos *smart contracts*

Antes de adentrarmos as peculiaridades dos *smart contracts*, é importante distinguir os tipos de cláusulas contratuais e a adequação ao uso de *smart contracts*.[27] Podemos, para esses fins, dividir as cláusulas dos contratos em dois grandes tipos: operacionais e não-operacionais.

As cláusulas operacionais são as que mais nos interessam porque geralmente utilizam alguma forma de lógica condicional, a chamada lógica Booleana: "Se isso, então aquilo". Há, no entanto, cláusulas não operacionais que, por óbvio, não embutem qualquer lógica condicional. Um bom exemplo são as cláusulas que determinam o foro dos contratos, cláusula arbitral ou mesmo cláusulas que definem qual a legislação aplicável a determinado caso.

O *smart contract* tem como principais propriedades a autonomia, descentralização e autossuficiência, prescindindo de qualquer intermediário para a implementação do acordo entre as partes.

Pela autonomia, enfatizamos a propriedade de tais contratos de tornar desnecessária qualquer participação ulterior da parte contratante no processo, que se autoexecuta quando suas condições são satisfeitas e informadas à rede.

Por sua vez, a característica da descentralização remete à inexistência de uma autoridade ou servidor central para garantir sua existência e autenticidade, porquanto seus dados estão distribuídos por vários pontos de rede e podem ser confirmados por qualquer pessoa. Uma vez realizado seu *upload*, o contrato estará escrito na *blockchain* e poderá ser acessado diretamente por meio da plataforma ou qualquer API (Application Programming Interface – Interface de Programação de Aplicações) desenvolvida para tanto.

Já a autossuficiência diz respeito à capacidade desses contratos de adotar meios para permitir uma maior capacidade de armazenamento e poder de computação, coletando dinheiro, realizando transações, distribuindo, emitindo e gastando recursos.

A tecnologia que permite aos *smart contracts* comportar-se de tal forma é, tradicionalmente, a *blockchain*, uma estrutura de dados que representa uma entrada de contabilidade financeira ou um registro de uma transação. A unidade de uma cadeia na *blockchain* se chama

---

[27] ISDA Linklaters. *Whitepaper*: Smart contract and distributed ledger – a legal perspective. Agosto 2017. Disponível em: https://www.isda.org/a/6EKDE/smart-contracts-and-distributed-ledger-a-legal-perspective.pdf. Acesso em: 20 dez. 2023.

"bloco", o qual contém informações (créditos, débitos, registros de propriedade). Um bloco é verificado por uma grande quantidade de computadores em uma rede, os chamados nós (*nodes*), e então inserido nos blocos anteriormente verificados.

Para auxiliar a compreensão de seu funcionamento, diz-se que opera como uma espécie de livro-razão, mas de forma pública, compartilhada e universal, que cria consenso e confiança na comunicação direta entre duas partes (*peer-to-peer*), i.e., sem o intermédio de terceiros, com garantia de autenticidade, não-corrupção e não-adulteração. Trata-se, portanto, do registro perene e com alta integridade de uma informação, cuja autenticidade pode ser confirmada por qualquer pessoa.

Por meio de seu desenvolvimento, a *blockchain* buscou superar o problema do "terceiro de confiança" (*trusted third party*), razão pela qual também é conhecida como "protocolo da confiança". Por meio dela, não se faz necessário sequer qualquer juízo sobre o caráter da outra parte ou o recurso a um terceiro para garantir o negócio pretendido, uma vez que a própria tecnologia não permite que um dos envolvidos descumpra impunemente o contrato.

A própria descentralização da *blockchain* é sua maior medida de segurança, tendo em vista que, sendo o maior projeto de computação distribuída do mundo, estariam assegurados seu protocolo e sua criptografia por cada um dos utentes da tecnologia, à semelhança do esquema abaixo demonstrado, que compara, respectivamente, o modelo centralizado, o descentralizado e o distribuído:

Figura 2 – Estruturas de Rede

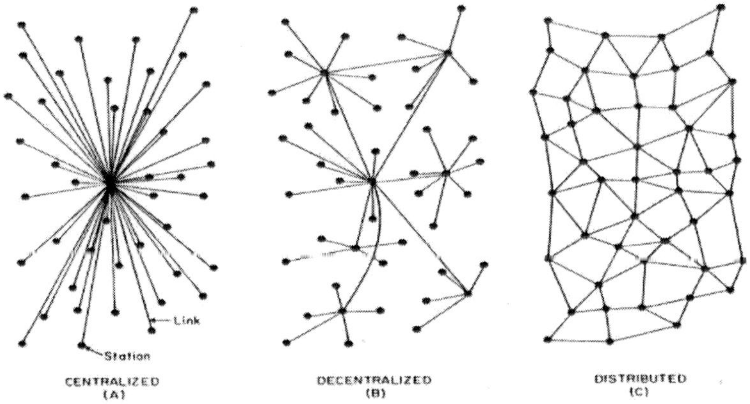

Fonte: Pinterest, s.d.

Atualmente, a maioria dos *smart contracts* é construída na plataforma Ethereum, desenvolvida pouco depois da plataforma *blockchain* do *bitcoins*, com a finalidade de não se limitar à ideia das criptomoedas, mas executar qualquer operação programável. Sua missão principal, portanto, é não só a execução de *smart contracts*, mas também a implementação de aplicações descentralizadas (dapps, programas de computador que removem a necessidade de intermediários em basicamente qualquer serviço centralizado), garantindo a realização de transações seguras com uma contraparte sem a necessidade do "terceiro de confiança", conferindo maior autonomia, segurança, economia e privacidade aos envolvidos.

2.5 *Smart contracts* e o custo da inflexibilidade

Boa parte dos contratos celebrados apresentam-se incompletos, ou seja, é impossível estabelecer *ex ante* todas as suas contingências. Essa incompletude pode advir das circunstâncias da própria avença ou de aspectos semânticos. Por exemplo, em um contrato de infraestrutura que poderá durar décadas, é muito caro (e as vezes impossível) estabelecer *ex ante* todas os eventos que poderão ocorrer no porvir e repercutirão na execução do contrato. Assim, é mais barato – e prático – uma certa incompletude no contrato para que sua readaptação (ou readequação) se dê ao longo do tempo.

Essa incompletude intrínseca infelizmente aparece no Direito brasileiro como trauma, como medida excepcional, consubstanciada em diversos pleitos de reequilíbrio econômico financeiro. Não é tratada, portanto, como uma contingência natural do passar do tempo.

Já a incompletude semântica, como vimos, advém da própria linguagem. Os contratos são escritos em palavras e elas são, muitas vezes, representações incompletas ou imperfeitas do pensamento. Daí as técnicas de interpretação e integração tão úteis no Direito. Se, todavia, a "lei é código", será possível escrever um contrato em código imune às dúvidas interpretativas?

Karen Levy critica os *smart contracts* ao chamar atenção para o fato de que esses arranjos apenas focalizam a forma técnica do contrato, excluindo os contextos sociais nos quais os contratos operam e as formas complexas pelas quais as pessoas os utilizam. Assim, somente seriam considerados *smart contracts* aqueles contratos (ou cláusulas de contratos maiores) que puderem ser escritas em lógica booleana.²⁸

Diz a autora que, no mundo real, as obrigações contratuais são impostas por meio de todos os tipos de mecanismos sociais que não sejam a adjudicação formal. Vai além ao afirmar que os contratos desempenham muitas funções que não são explicitamente legais por natureza, ou até mesmo planejadas para serem cumpridas formalmente.

Os *smart contracts*, pois, seriam entendidos com artefatos técnicos, mais do que como recursos sociais. Sob essa perspectiva, continua Levy, as regras devem ser otimizadas mediante código, eliminando as ambiguidades e os custos de *enforcement* (execução) comuns nos contratos hodiernos. Afirma, no entanto, que os contratos são muito mais que tecnicismo. Eles atendem múltiplas ações, com amplas dimensões sociais.

Para exemplificar seu ponto de vista, elenca três tipos de contrato: a) inclusão de termos inexecutáveis; b) a não-aplicação intencional de termos executáveis; e c) termos propositalmente subespecificados.

A inclusão de termos inexecutáveis e a não-aplicação de termos executáveis se devem à estratégia dos contratantes de colocarem cláusulas nos contratos que sabem que não serão executadas, sob a perspectiva que isso talvez seja resolvido na Justiça. Seria uma espécie de "se colar, colou". Dá o exemplo de cláusulas de contratos de adesão nas quais uma parte coloca medidas que vão além do razoável, esperando que não sejam questionadas judicialmente.

Quanto à não-colocação de cláusulas executáveis, tal circunstância resvala na ideia de incompletude contratual, deixando para a fase de execução a discussão de outros aspectos contratuais. Da mesma forma, quando o contrato estabelece termos vagos, imprecisos. Muitas vezes, estamos diante de estratégia deliberada dos contratantes, porque não sabem ou não querem resolver o conflito *ex ante*, escrevendo contratos mais precisos. Além disso, temos a própria incompletude semântica, trazida pela imprecisão da língua que conduz a expressões ambíguas e vagas.

Nesse sentido, Levy defende a ideia de que o direito contratual é muito amplo e os *smart contracts* não vão – nem de longe – substituí-lo.

---

²⁸ LEVY, Karen E. C. Book-smart, not street-smart: blockchain-based smart contracts and the social workings of law. *Engaging Science, Technology and Society*, p. 6-7, 2017. DOI: https://doi.org/10.17351/ests2017.107.

De fato, parece-nos evidente que tais instrumentos não substituirão os parâmetros regulares do direito contratual. São, na verdade, novos e especiais tipos de contratos, aplicáveis em circunstâncias restritas, sobretudo naquelas avenças que se submeteriam à lógica booleana.

Há, contudo, outros aspectos a considerar. Grimmelmann e Narayanan questionam, por exemplo, o que aconteceria se um dos contratantes perdesse sua chave privada do *blockchain* (um código secreto que autentica sua propriedade de recursos).[29] E se houvesse um incêndio? E se você comprasse um produto defeituoso e precisasse mostrar sua propriedade para invocar a proteção do consumidor? Como fazer?

Isso significa que *smart contracts* demandam medidas preventivas *ex ante*. Isso, como é óbvio, aumentaria os custos de transação. Ademais, existem inúmeras questões sobre como *smart contracts* irão se relacionar com o direito contratual, mormente sobre aspectos que não poderiam ser reduzidos a códigos. Levy cita o exemplo de um contrato onde mútuos enganos foram cometidos e as partes decidiram rescindir o contrato. Como fazê-lo, se o contrato é automaticamente executado? Além disso, como – por definição – o *smart contract* é descentralizado, se fosse celebrado um contrato com uma pessoa de outro país, transacionando um bem em outro lugar do planeta em uma plataforma *blockchain* que foi inventada em um outro lugar. Qual a lei incidirá? Ou, ainda, incidirá alguma lei?

Sklaroff faz outras críticas aos *smart contracts*, afirmando que é muito caro formatar *smart contracts* em um ambiente volátil ou sempre que houver um nível de incerteza em torno do acordo.[30] Ademais, um ponto importante é saber como e quando os *smart contracts* reavaliam a discussão sobre o oportunismo nos contratos (*hold up*), nos termos da abordagem de Oliver Willianson e da Nova Economia Institucional. Sem dúvida, esses contratos eletrônicos evitam que a parte que tiver vantagem estratégica possa angariar concessões demasiadas da outra parte. É o problema do oportunismo, do qual decorre que certamente haverá importantes mudanças no comportamento estratégico das partes, muito embora não seja o escopo deste texto analisar tais implicações.

Sklaroff também observa que contratos escritos em código e ligados diretamente ao sistema de informação das firmas reduzirão

---

[29] NARAYANAN, A. *The future of bitcoin?* YouTube, 2015. Disponível em: https://youtu.be/YG7l0XPtzD4. Acesso em: 6 jun. 2016.
[30] *Ibidem*.

os custos de escrever os contratos e de resguardar informação. A tecnologia *blockchain* provê um barato e efetivo caminho para assegurar a integridade dos dados: como exemplo, o fato de que pagamentos via *bitcoin wallets* diminuem os custos de ambas as partes, expurgando a participação de intermediários no processo, espraiando os custos por toda a rede descentralizada de participantes.

Conclui-se, juntamente com Diedrich, que a *blockchain* – e, por via de consequência, os *smart contracts* – mudam completamente os postulados contratuais e sua execução. Há, portanto, profundos impactos no estabelecimento de novos modelos de negócios, em sua governança e no Direito.[31]

2.6 *Smart contract* e assimetria de informação

Sendo um aspecto importante da utilização de *smart contracts*, a assimetria informacional foi trazida por Cong e He ao analisar como contratos podem mitigar a assimetria informacional e melhorar a eficiência pela diminuição das barreiras de entrada e aumento da competição, muito embora o novo padrão de geração de consenso possa aumentar a colusão entre as partes. Eles argumentam que a mudança no fluxo informacional promovida pelos *smart contracts* mudaria o comportamento econômico dos contratantes.[32]

Os autores acreditam que, sem um consenso descentralizado (como ocorre comumente), a parte que promove o consenso possui enorme poder de mercado. Um exemplo seria uma terceira parte com o monopólio dos dados. Dessa forma, as maneiras tradicionais de resolução de conflitos via terceiros, como o Judiciário e a arbitragem, envolvem elevado grau de subjetivismo, o que leva os agentes a precificar essa incerteza *ex ante*, embutindo nos preços avençados.[33]

Também advoga que os *smart contracts*, porquanto utilizam um consenso descentralizado promovido pelo *blockchain*, tem enorme potencial de reduzir significativamente o escopo de contingências não

---

[31] DIEDRICH, Henning. *Ethereum*: blockchains, digital assets, smart contracts, decentralized autonomous organizations. Wildfire Publishing. 2016.
[32] CONG, Lin William; HE, Zhiguo. Blockchain disruption and smart contracts. Working Paper 24399. *The national bureau of economic research – NBER*, 2018. Disponível em: http://www.nber.org/papers/w24399. Acesso em: 30 set. 2018.
[33] NÓBREGA, Marcos. Análise econômica do Direito Administrativo. *In*: TIMM, Luciano Benetti (org). *Direito e Economia no Brasil*. São Paulo: Atlas, 2012, p. 404-416.

possíveis de serem estabelecidas no contrato, subvertendo a base da literatura de contrato incompleto.

Nesse sentido, os *smart contracts*, ainda segundo Cong e He, podem facilitar a contratualidade por conta da sua autoexecução, como por exemplo a transferência automática de recursos quando alguma contingência ocorrer. Suponha um contrato de seguro feito por passageiro que diga que ele terá direito a compensação caso seu voo atrase mais de duas horas. Um *smart contract* ligado ao sistema de tráfego aéreo pode automaticamente efetivar essa compensação ao cliente da empresa aérea. Assim – e esse é um importante *insight* dos autores – tais contratos determinariam uma melhor distribuição de informação entre os atores, gerando um impacto sobre a economia ainda não possível de ser mensurado.

Logo, *blockchain* e *smart contracts* têm enorme potencial de provocar disrupção na teoria da informação, bem como na abordagem de contratos incompletos. Dito isso, a contratilidade aprimorada vem à custa de uma maior distribuição de informações, e o impacto geral sobre a economia está longe de ser óbvio.

3 Um novo paradigma para o ajuste de vontades: a despersonalização do Direito Civil?

Apesar de a prescindibilidade da mediação entre as partes na realização de negócios ou a presença de qualquer terceiro para a execução ou *enforcement* do objeto pactuado ser um grande traço distintivo dos *smart contracts*, sua autoexecutoriedade enseja debates à luz da hermenêutica jurídica contemporânea.

Segundo os influxos do movimento conhecido como "pós-positivismo", os sistemas jurídicos atuais sofreram relevante abertura para incorporar, em seu bojo, conteúdos morais refletores dos valores considerados essenciais para a comunidade, consubstanciados na adoção, sobretudo pelos documentos constitucionais, de normas de conteúdo dotado de maior abstração e generalidade: os princípios jurídicos.

Neste contexto, também se engendrou uma nova visão para o teor das normas constitucionais, considerando a novel "força normativa da Constituição" e as características atribuídas a essa nova corrente de pensamento, que podemos condensar sob a alcunha de "neoconstitucionalismo": a) a importância dada aos princípios e valores como componentes elementares dos sistemas jurídicos constitucionalizados;

b) a ponderação como método de interpretação/aplicação dos princípios e de resolução dos conflitos entre valores e bens constitucionais; c) a compreensão da Constituição como norma que irradia efeitos por todo o ordenamento jurídico, condicionando toda a atividade jurídica e política dos poderes do Estado e até mesmo dos particulares em suas relações privadas; d) o protagonismo dos juízes em relação ao legislador na tarefa de interpretar a Constituição; e) enfim, a aceitação de alguma conexão entre Direito e moral.[34]

Para Möller, invocando uma dicotomia que nos parece, se não didática, pictórica, trata-se de uma "mudança de atitude frente às normas constitucionais, bem como diante dos instrumentos constitucionais de controle dos poderes", o que o coloca como uma opção ideológica "de oposição ao Estado decimonônico, onde imperava o legalismo, o culto à lei e a concepção da atividade judicial como atividade mecânica de aplicação da lei",[35] deslocando a ênfase da central da abordagem: da lei, passa-se, agora, a uma primazia da Constituição.

Logo se vê que, em razão da abertura à moral ou alguma aproximação com o caráter jusnatural dos direitos, é importante, para o neoconstitucionalismo, a usual distinção traçada entre as normas jurídicas, enquadrando-as em regras e princípios. Mesmo na tradição do *common law* norte-americano, faz-se alguma distinção estrutural e de conteúdo entre as normas jurídicas, de modo que Richard Posner[36] e Louis Kaplow[37] diferenciam as *rules* dos *standards*, formulando interessantes análises econômicas quanto à adoção de cada espécie normativa. Posner resume essa visão, fazendo uma análise de *trade*-off entre as opções nos seguintes termos:

> Uma regra (*rule*) é clara em virtude de ser exata. Mas sua exatidão a torna mal adaptada a situações imprevistas, criando pressão para reconhecer exceções, as quais muitas vezes reduzem a clareza. Um padrão (*standard*)

---

[34] VALE, André Rufino do. *Estrutura das normas de direitos fundamentais*. Repensando a distinção entre regras, princípios e valores. São Paulo: Saraiva, 2009.

[35] MÖLLER, Max. *Teoria geral do neoconstitucionalismo*. Bases teóricas do constitucionalismo contemporâneo. Porto Alegre: Livraria do Advogado, 2011.

[36] POSNER, Richard A. The law and economics of contract interpretation. *Texas Law Review*, v. 83, p. 1.582-1.614, 2004. Disponível em: https://chicagounbound.uchicago.edu/cgi/viewcontent.cgi?article=2893&context=journal_articles. Acesso em: 3 fev. 2018.

[37] KAPLOW, Louis. Rules versus standards: an economic analysis. *Duke Law Journal*, v. 42, n. 3, p. 557-629, 1992. Disponível em: http://www.jstor.org/stable/1372840?origin=JSTOR-pdf&seq=1#page_scan_tab_contents. Acesso em: 3 fev. 2018.

é flexível e, portanto, adaptável a uma variedade de contextos, mas o preço da flexibilidade é a imprecisão.[38]

Contudo, mais imbricada se torna a matéria ao se considerar que as características de abstração, generalidade e forte carga axiológica podem se revelar não só em normas tidas como "princípios" ou *standards*, mas também estar presentes naquelas tradicionalmente consideradas como "regras".

Dessa maneira, não seria possível traçar uma distinção forte entre as espécies normativas, cabendo ao intérprete reconhecer uma ductibilidade entre ambas tanto no plano estrutural quanto funcional, demonstrando que as propriedades das regras podem ser encontradas nos princípios e vice-versa.[39]

Se as "zonas de certeza" não oferecem grandes desafios hermenêuticos aos juristas, é nas "zonas de penumbra" que residem os percalços da interpretação, inclusive na tentativa de enquadrar normas em classificações pré-determinadas como regras ou princípios e estabelecer, de forma apriorística, o método de solução das colisões. Aponta André Rufino do Vale:

> A zona de certeza, portanto, pode proporcionar a antecipação do tipo de colisão e do modo de aplicação de uma norma. Na zona de penumbra, no entanto, a indeterminação quanto ao grau de especificidade ou generalidade, precisão ou vaguidade da norma fará com que o tipo de colisão e o modo de aplicação, isto é, se como regra ou como princípio, apenas sejam revelados após o confronto com outras normas e/ou com os fatos determinantes do caso concreto.[40]

Essa dificuldade de enquadramento *a priori* ou separação rígida quanto à estrutura e função existe não só pelo caráter dúplice de comandos como a dignidade da pessoa humana,[41] mas pelos valores

---

[38] KAPLOW, Louis. Rules versus standards: an economic analysis. *Duke Law Journal*, v. 42, n. 3, p. 1587, 1992. Disponível em: http://www.jstor.org/stable/1372840?origin=JSTOR-pdf&seq=1#page_scan_tab_contents. Acesso em: 3 fev. 2018.

[39] VALE, André Rufino do. *Estrutura das normas de direitos fundamentais*. Repensando a distinção entre regras, princípios e valores. São Paulo: Saraiva, 2009, p. 112.

[40] *Ibidem*, p. 115.

[41] Segundo Alexy, "é necessário que se pressuponha a existência de duas normas da dignidade humana: uma regra de dignidade humana e um princípio de dignidade humana. A relação de preferência do princípio da dignidade humana em face de outros princípios determina o conteúdo da regra da dignidade humana. Não é o princípio que é absoluto, mas a regra, a qual, em razão de sua abertura semântica, não necessita de limitação em face de alguma possível relação de preferência". (ALEXY, 2011, p. 113-114)

morais espraiados por todo o ordenamento, capazes de informar e imbuir tanto regras quanto princípios.

A doutrina civilista contemporânea, seguindo os influxos do neoconstitucionalismo, também foi inspirada por essa nova visão das normas constitucionais, refletindo sua abordagem na denominada "constitucionalização do direito privado", em que se demanda "a leitura do direito civil (centro do direito privado) à luz da tábua axiológica da constituição".[42]

Engendrou-se uma verdadeira deflação da importância do Código Civil em prol do enfoque em conformidade com uma Constituição que alberga cláusulas abertas nesta seara, a exemplo do mandado de que "a propriedade atenderá a sua função social" (art. 5º, XXIII). Tal processo é descrito por Gustavo Tepedino nos seguintes termos:

> O Código Civil perde, assim, definitivamente, o seu papel de Constituição do direito privado. Os textos constitucionais, paulatinamente, definem princípios relacionados a temas antes reservados exclusivamente ao Código Civil e ao império da vontade: a função social da propriedade, os limites da atividade econômica, a organização da família, matérias típicas do direito privado, passam a integrar uma nova ordem pública constitucional. Por outro lado, o próprio direito civil, através da legislação extracodificada, desloca sua preocupação central, que já não se volta tanto para o indivíduo, senão para as atividades por ele desenvolvidas e os riscos dela decorrentes.[43]

Como manifestação dessa visão, imperativos éticos juridicizados como a boa-fé objetiva hoje desempenham papel de destaque no direito civil, tendo tal circunstância se refletido na atuação do legislador ao alterar, no ano de 2002, o Código Civil.

Por previsão expressa desse novo Código, a boa-fé funciona tanto como parâmetro de interpretação ("Art. 113. Os negócios jurídicos devem ser interpretados conforme a boa-fé e os usos do lugar de sua celebração") quanto como mandamento a ser observado na formação e execução dos contratos ("Art. 422. Os contratantes são obrigados a guardar, assim na conclusão do contrato, como em sua execução, os princípios de probidade e boa-fé").

---

[42] FACHINI NETO, Eugênio. A constitucionalização do direito privado. *In*: *Iurisprudentia*: Revista da Faculdade de Direito da Ajes – Juína/MT, ano 2, n. 3, p. 14, 2013.

[43] TEPEDINO, Gustavo. *Temas de direito civil*. 2. ed. rev. atual. Rio de Janeiro: Renovar, 2001, p. 7.

Inobstante, refletindo a proteção da confiança e a exigência de lealdade, fala-se em "boa-fé interpretativa"[44] além da circunstância da violação da boa-fé ser considerada para configurar o chamado "abuso de direito", tornando ilícito um ato praticado por alguém que, embora titular de um direito, exceda, ao exercê-lo, "os limites impostos pelo seu fim econômico ou social, pela boa-fé ou pelos bons costumes" (art. 187).

De igual forma, também o Código de Defesa do Consumidor erige a boa-fé e o "equilíbrio nas relações entre consumidores e fornecedores" como princípio orientador da Política Nacional das Relações de Consumo (art. 4º, III), cominando com nulidade as cláusulas contratuais relativas ao fornecimento de produtos e serviços que "estabeleçam obrigações consideradas iníquas, abusivas, que coloquem o consumidor em desvantagem exagerada, ou sejam incompatíveis com a boa-fé ou a equidade" (art. 51, IV).

Consolidaram-se teorias como a da equivalência material das prestações e a do adimplemento substancial (a exemplo da edição do Enunciado nº 361 CJF/STJ, estabelecendo que "o adimplemento substancial decorre dos princípios gerais contratuais, de modo a fazer preponderar a função social do contrato e o princípio da boa-fé objetiva, balizando a aplicação do art. 475"). Neste último caso, se acatada a teoria, o cumprimento relevante implica necessária aferição casuística, analisando-se critérios quantitativos e qualitativos, sob pena de se desincentivar o comportamento conforme o Direito (i.e, o adimplemento total da obrigação), gerando indesejáveis consequências econômicas, a exemplo de externalidades negativas.[45]

É de fácil percepção o fato de que todos esses dispositivos legais e conceitos doutrinários remontam sobremaneira a noções externas à legislação; são textos dotados de notável amplitude semântica a serem

---

[44] VINCENZI, Marcelo. *Interpretação do contrato*. Ponderação de interesses e solução de conflitos. São Paulo: Revista dos Tribunais, 2011, p. 151 e ss.

[45] Há crítica relevante à "constitucionalização do Direito Privado" por parte da doutrina brasileira. Nesse sentido, Luciano Benetti Timm ressalta: "A análise econômica do Direito ensina que a publicização do Direito Privado, ou seja, a aplicação de critérios de justiça distributiva no âmbito das relações privadas como nos contratos e na propriedade, em busca da "justiça social", embora viável em tese, não é a maneira mais eficiente de implementação de direitos sociais. Segundo essa doutrina, melhor maneira de retribuir renda, como dito, é a tributação. Portanto, pode ser mais recomendável "desconstitucionalizar" o Direito Privado, a fim de que o mercado funcione com mais liberdade e gerando mais renda, com o fim de, ao cabo, gerar maior base de cálculo tributável". (TIMM, 2013, p. 58). O autor aponta diversas razões para tanto, considerando o custo-benefício da redistribuição de riquezas e a incidência de custos de transação, tornando-a uma forma ineficiente e dispendiosa e política pública e social.

densificados no caso concreto, mormente por meio das decisões judiciais. Entretanto, conforme vimos, a estrutura característica dos *smart contracts* não permite tal mediação, sendo imprescindível a definição dos termos e consequências específicas para cada ação dos sujeitos, internalizando, na *blockchain*, as repercussões possíveis para a ocorrência de um dado evento.

O efeito prático da adoção de tal tecnologia perpassa necessariamente por um novo fortalecimento do *pacta sunt servanda*, uma vez que recaem sobre os contratantes a definição exata dos termos e condições para a efetivação, execução e implementação do negócio jurídico. Para tanto, é imprescindível a utilização de comandos claros, fechados, inteligíveis e logicamente exprimíveis, geralmente utilizando o tradicional esquema se → então (*if... else*), com o manejo de estruturas lógicas causais.

Nick Szabo já previa essa limitação desde 1997, quando, imaginando um "protocolo deus", matematicamente confiável, em que todos os participantes fornecem uma entrada criptografada para um "computador virtual", consignou que "longe de ser onisciente ou onipotente, o protocolo irá realizar apenas o que é especificado no algoritmo e nas entradas", uma vez que algoritmos não são capazes de formular juízos de valor. O desenvolvimento tecnológico aponta para um futuro com a ascensão da inteligência artificial, mas, por ora, ainda vige a constatação de Szabo, de que tal protocolo "não será capaz de substituir terceiros confiáveis humanos que forneçam informações ou conhecimentos que não podem ser fornecidos por um computador".[46]

Como consequência, tem-se a inviabilidade do emprego de "princípios" e conceitos jurídicos indeterminados (sem que ao menos se fixe seu conteúdo antecipadamente), bem como a insuscetibilidade de tais atos ao controle judicial da forma como hoje o conhecemos, revestido sob o manto da inafastabilidade da jurisdição insculpida no art. 5º, XXXV, para a qual "a lei não excluirá da apreciação do Poder Judiciário lesão ou ameaça a direito".

A (re)personalização do Direito Civil, em voga nas últimas décadas como consectário do neoconstitucionalismo, encontra agora sérios impeditivos à adoção de seus postulados teóricos. A "restauração da primazia da pessoa humana nas relações civis" e o "reencontro da tra-

---

[46] SZABO, Nick. *Formalizing and securing relationships on public networks*. 1997. Disponível em: http://nakamotoinstitute.org/formalizing-securing-relationships/. Acesso em: 27 dez. 2017.

jetória da longa história da emancipação humana" – termos utilizados por Paulo Lobo para descrever tal movimento[47] –, por meio dos valores fundados na dignidade da pessoa humana, precisaria estar resguardada de forma bem mais objetiva nos contratos digitais.

Se "a presença de normas de direitos fundamentais nos sistemas jurídicos constitucionalizados pode ser entendida como o resultado da transformação da moral crítica em moral legalizada",[48] resta saber como um algoritmo será capaz de aferir critérios morais subjacentes às leis.

Em virtude de tais obstáculos, o foco, nessas novas estruturas, retorna para a autonomia da vontade e a segurança jurídica, evitando interferências externas e consequências não previstas e previamente pactuadas pelas partes. Esse estado de coisas demanda uma nova abordagem teórica e reacende o debate quanto às (im)possibilidades da hermenêutica. Na era da *blockchain*, é possível vislumbrar uma (des) personalização do direito civil?

4 Analisando pelas consequências: *smart contracts* e a análise econômica do Direito

A figura do contrato está necessariamente atrelada a uma operação econômica que constitua seu substrato. Ainda que ela não seja seu objetivo principal – a exemplo dos contratos médicos e educacionais –, do contrato resulta uma obrigação suscetível de expressão monetária que importe em circulação de riqueza, sendo também conversível em perdas e danos o seu descumprimento. Tratando desse ponto, Aquino Júnior ressalta:

> A operação econômica é a essência, o substrato sobre o qual se assenta o contrato, sendo este a formalização jurídica que congrega a regulação de como a operação econômica deverá ser tratada e o direito dos contratos, por fim, espelha o conjunto de regras e princípios que, conformando o negócio jurídico, funcionaliza-o a atingir os interesses colimados pelas partes.[49]

---

[47] LOBO, Paulo Luiz Netto. Constitucionalização do direito civil. *Revista de Informação Legislativa*. Brasília, v. 36, n. 141, p. 99-109, 1999.

[48] VALE, André Rufino do. *Estrutura das normas de direitos fundamentais*. Repensando a distinção entre regras, princípios e valores. São Paulo: Saraiva, 2009, p. 25.

[49] AQUINO JÚNIOR, Geraldo Frazão de. Contratos, regulação do mercado e tutela da pessoa. *In*: Civilistica.com, ano 3, n. 1, p. 2, 2014. Disponível em: https://civilistica.emnuvens.com.br/redc/article/view/155. Acesso em: 8 dez. 2023.

Para além do conteúdo econômico ínsito a tais negócios jurídicos, tem-se que, à luz da análise econômica posneriana, a função mais importante do direito dos contratos não reside no estabelecimento de regras formais para a validade do acordo firmado – o ponto fulcral para garantir o contrato como forma de eleição para a transação de bens é fornecer um remédio legal para a violação de seus termos, i.e., garantir às partes menores riscos em caso de inadimplemento.

Para Posner, tal função primordial, além de ter por finalidade "aumentar a utilidade da contratação como método de organização da atividade econômica", daria-se de modo independente da existência de alguma incerteza quanto ao significado dos termos, de modo que "o demandado pode contestar a interpretação dos demandantes do contrato em vez de reconhecer a violação; porém, a menos que haja uma real incerteza sobre o significado, o caso não apresentará nenhuma questão interessante de interpretação". Ainda assim – frisa –, "significativas questões interpretativas geralmente surgem em litígios contratuais".[50]

De fato, a interpretação é consequência inexorável da utilização da linguagem humana e, ainda que seu objeto seja claro, taxativo, preciso (a exemplo do que deveriam ser os tipos penais), haverá espaço, ainda que mínimo, para a atividade de investigação ou construção de sentido, descabendo se falar em *in claris non fit interpretatio*, mas apenas em "zonas de certeza" e "zonas de penumbra", conforme vimos.

Em razão disso, as dificuldades e os riscos da ocorrência de equívocos na interpretação também são considerados no custo geral do contrato, cujo cálculo Richard Posner propõe por meio da seguinte fórmula:

$$C = x + p(x)[y + z + e(x,y,z)],$$

Nela, x é o custo de negociação e elaboração, p a probabilidade de litígio, y os custos dos litígios das partes, z o custo do litígio para o Judiciário, e e, os custos de erros judiciais que reduzam o valor privado e social dos contratos como método de alocação de recursos. O primeiro termo no lado direito da equação, x, representa a primeira etapa na determinação do significado do contrato: o estágio em que as partes

---

[50] POSNER, Richard A. The law and economics of contract interpretation. *Texas Law Review*. V. 83, p. 1.582-1.614, 2004. Disponível em: https://chicagounbound.uchicago.edu/cgi/viewcontent.cgi?article=2893&context=journal_articles. Acesso em: 3 fev. 2018.

decidem o que o contrato deve dizer. O segundo termo representa a segunda etapa, onde, no caso de uma disputa legal sobre o significado, o assunto é submetido à adjudicação. Os custos incorridos incluem despesas das partes e dos tribunais, além dos custos que resultarão se o tribunal interpretar mal o contrato.[51]

Consoante Robert Cooter e Thomas Ulen (2010, p. 211), lançando mão da teoria dos jogos, a função do contrato seria "possibilitar que as pessoas convertam jogos com soluções ineficientes em jogos com soluções eficientes",[52] servindo como mecanismo para ajudar a pessoas a cooperar. "Fazendo cumprir as promessas, o direito contratual possibilita que as pessoas assumam compromissos dignos de crédito de cooperar umas com as outras".[53]

Semelhante ideia também é verificável na "fórmula de Wittman", segundo a qual a finalidade do direito das obrigações contratuais é minimizar os custos de transação associados ao contrato, i.e, o "custo global dos acidentes de percurso no contrato", tidos por ele como a soma de três custos: o custo de formulação das regras contratuais pelas partes; o das regras contratuais por terceiros, sobretudo a autoridade pública, e o custo dos acidentes de percurso residuais, que poderiam ser evitados, mas precisam ser assumidos.[54]

Uma das premissas fundamentais dos *smart contracts* é justamente a redução de tais custos, por tornar prescindível o "terceiro de confiança" e o dispêndio na contratação de seguros de adimplemento, registros cartorários e afins. Até mesmo as atividades mais simples da advocacia seriam desnecessárias, bem como a intervenção do Poder Judiciário para a garantia da execução do contrato. De fato, para Delmolino *et al.*, "em comparação com os tradicionais contratos, contratos inteligentes trazem a promessa de baixa legal e transação de custos, e podem diminuir a barreira de entrada para usuários".[55] Em seu artigo

---

[51] POSNER, Richard A. The law and economics of contract interpretation. *Texas Law Review*. V. 83, p. 1.583, 2004. Disponível em: https://chicagounbound.uchicago.edu/cgi/viewcontent.cgi?article=2893&context=journal_articles. Acesso em: 3 fev. 2018.

[52] COOTER, Robert; ULEN, Thomas. *Direito & Economia*. 5. ed. Porto Alegre, Bookman, 2010, p. 211.

[53] *Ibidem*, p. 247.

[54] MACKAAY Ejan; ROUSSEAU, Stéphane. *Análise econômica do Direito*. Tradução de: Rachel Sztajn. 2. ed. São Paulo: Atlas, 2015, p. 419.

[55] "In comparison with traditional financial contracts, smart contracts carry the promise of low legal and transaction costs, and can lower the bar of entry for users". (DELMOLINO *et al.* Step by step towards creating a safe smart contract: lessons and insights from a

seminal, Szabo já ressaltava esse ganho relacionado à tecnologia dos *smart contracts*:

> Os contratos inteligentes reduzem os custos de transações mentais e computacionais impostos por diretores, terceiros ou suas ferramentas. As fases contratuais de pesquisa, negociação, compromisso, desempenho e adjudicação constituem o domínio dos contratos inteligentes. (...) Os contratos inteligentes utilizam protocolos e interfaces de usuário para facilitar todas as etapas do processo de contratação. Isso nos dá novas maneiras de formalizar e proteger as relações digitais que são muito mais funcionais do que os ancestrais inanimados baseados em papel.[56]

Na prática brasileira, por sua confiabilidade e transparência, tal tecnologia poderia ser adotada, por exemplo, no aperfeiçoamento dos mecanismos de exercício da democracia (a exemplo das iniciativas populares) e das compras públicas, no que possivelmente colabore para obstar práticas de corrupção, repactuações desmedidas e superfaturamento, mitigando a "ineficiência intrínseca" apontada por Marcos Nóbrega para os procedimentos licitatórios brasileiros, em que o sistema jurídico exige um *trade-off* entre legalidade e eficiência[57] (NÓBREGA, 2012, p. 415).

Também seria uma ferramenta valiosa para a superação da "desconfiança recíproca",[58] permitindo livres acordos entre partes, inclusive mutuamente *hostis*. Pode frear, ainda, eventual excesso de burocracia e ingerência estatal na autonomia privada, notavelmente mais fortalecida por meio dos contratos inteligentes. Para além disso,

---

    cryptocurrency lab. In: *International Financial Cryptography Association* 2016 J. Clark *et al.* (eds.): FC 2016 Workshops, LNCS 9604, 2016).

[56] "Smart contracts reduce mental and computational transaction costs imposed by either principals, third parties, or their tools. The contractual phases of search, negotiation, commitment, performance, and adjudication constitute the realm of smart contracts. This article covers all phases, with an emphasis on performance. Smart contracts utilize protocols and user interfaces to facilitate all steps of the contracting process. This gives us new ways to formalize and secure digital relationships which are far more functional than their inanimate paper-based ancestors" (SZABO, Nick. *Smart contracts*: building blocks for digital markets. 1996. Disponível em: http://www.fon.hum.uva.nl/rob/Courses/InformationInSpeech/CDROM/Literature/LOTwinterschool2006/szabo.best.vwh.net/smart_contracts_2.html. Acesso em: 27 dez. 2017).

[57] NÓBREGA, Marcos. Análise econômica do Direito Administrativo. *In*: TIMM, Luciano Benetti (org). *Direito e Economia no Brasil*. São Paulo: Atlas, 2012, p. 415.

[58] Sobre o tema da desconfiança recíproca e seus impactos nas relações empresariais, remetemos ao artigo de Cooter e Shäfer: COOTER, Robert D.; SCHÄFER, Hans-Bernd. O problema da desconfiança recíproca. *In*: SALAMA, Bruno Meyerhof (org). *Direito e Economia*. Textos escolhidos. São Paulo: Saraiva, 2010, p. 306-323.

por estar integrada a uma plataforma de criptomoeda, pode gerar ganhos em termos de inclusão financeira[59] e descentralização monetária, conforme previra Friedman e defendera Hayek desde 1976 no seu *A desestatização do dinheiro*.[60]

Contudo, a tecnologia, do modo como hoje se apresenta, pode ser melhor aproveitada para a realização de contratos com determinadas características, quais sejam: a) instantâneos ou de execução pouco diferida, pelas dificuldades no estabelecimento de cláusulas *ex post*; b) revestidos de menor imprecisão semântica; c) com maior zona de acordo, com diminuta probabilidade de se recorrer a terceiros, como o Poder Judiciário, para o estabelecimento de cláusulas supletivas.

Sustentamos tal posição em razão dos custos proibitivos da previsão de toda contingência capaz de afetar os contratos, o que elevaria seu custo *ex ante* e impactaria, de igual modo, no custo global de transação, deslocando, tão somente, o momento de sua ocorrência. Assim, não nos parece eficiente que, em virtude da autoexecução do *smart contract*, as partes dispendam, na fase de formação contratual (negociação e definição de seus termos), valores maiores do que o fariam se relegassem a solução de litígios para um momento posterior.

5 Considerações finais

Analisando as premissas sobre as quais se estrutura a tecnologia dos *smart contracts*, é possível vislumbrar um retorno à busca pelas garantias estabelecidas nos primórdios do liberalismo da segunda metade do século XVIII, em um contexto social adensado pela influência do iluminismo e a ascensão da chamada burguesia.

Contra os desmandos perpetrados pelos monarcas absolutistas, firmaram-se tais garantias – sobretudo a legalidade – como um imperativo de proteção a direitos fundamentais do indivíduo em face de qualquer subjetivismo capaz de promover abuso de poder ou violação à

---

[59] No Brasil, 32% da população não tem acesso a serviços financeiros básicos (no mundo, esse percentual é de 38% e, nos países subdesenvolvidos/em desenvolvimento, a média é 46%, conforme dados de Relatório de 2014 do Banco Mundial – Global Findex Database, Word Bank, Washington DC. Disponível em: http://worldbank.org/globalfindex. Acesso em: 8 dez. 2023.
[60] HAYEK, F. A. *The denationalization of money*. An analysis of the theory and practice of concurrent currencies. London: Institute of Economic Affairs, 1976.

segurança jurídica, conforme outrora ocorrera de forma patente durante a vigência do *Ancien Régime*.

Naquele momento, conforme salienta Möller, "a lei passa a ser o instrumento utilizado para aplicar e interpretar a constituição, limitar o poder e manifestar a vontade popular",[61] de modo que o legicentrismo consagraria o respeito à segurança jurídica e a igualdade perante a lei.

O constitucionalismo de então estaria condicionado pela lei, instrumento capaz de impor não só os limites formais de competência e procedimento para a manifestação da vontade popular, mas também os limites materiais ao poder, impedindo o arbítrio do governante. Nesses termos, ressalta Medina, tratando daquele período histórico, o Direito "racional" "é fruto do exercício do poder legislativo e de salvaguardas estruturais que nele existem graças à sua origem democrática e plural".[62]

Contudo, a atual teoria dos contratos, fortemente influenciada pelo movimento neoconstitucionalista, passou a introjetar critérios morais na definição de seus termos, dando prevalência à força normativa da Constituição – e dos princípios jurídicos, geralmente dotados de elevada abstração e indeterminabilidade semântica –, acentuando o poder do Judiciário.

Tais características tendem a entrar em choque com o funcionamento dos contratos inteligentes, dotados de autonomia, descentralização e autossuficiência, por meio das quais se torna desnecessário o "terceiro de confiança" ou qualquer intermediário para a implementação do acordo entre as partes. Ao mesmo tempo, neles não se tolera a utilização de critérios ambíguos ou duvidosos na definição de suas cláusulas, cujo processamento se dará por meio de algoritmos predefinidos pelas partes.

Se, à luz da doutrina civilista, podemos concluir que tais instrumentos são contratos para o Direito brasileiro, uma dificuldade se coloca em termos de hermenêutica jurídica: poderia o *smart contract* proceder a ponderações, aproximando tal teoria das fórmulas mate-

---

[61] MÖLLER, Max. *Teoria geral do neoconstitucionalismo*. Bases teóricas do constitucionalismo contemporâneo. Porto Alegre: Livraria do Advogado, 2011, p. 24.
[62] MEDINA, Diego López. Hermenêutica e linguagem na teoria do Direito. *In*: MACEDO JR., Ronaldo Porto; BARBIERI, Catarina Helena Cortada. *Direito e interpretação*. Racionalidade e instituições. São Paulo: Saraiva, 2011, p. 182.

máticas propostas por Robert Alexy[63] ou teríamos, digitalmente, um resgate da subsunção, perfazendo a aplicação dedutiva do Direito?

Embora nos pareça impossível o estabelecimento *ex ante* dos resultados do processo de ponderação ou balanceamento, à luz do Direito e Economia, também são evidentes os ganhos em eficiência gerados pela redução dos custos de transação relativos à interferência externa nos contratos, atrelada à burocracia estatal, aos custos securitários e à própria garantia de execução pelo Poder Judiciário. Em muitos aspectos, é desejável uma tecnologia idônea a suprimir intermediários e permitir que qualquer pessoa confie em uma contraparte desconhecida para realizar negócios e acordos de forma eletrônica.

Contudo, conforme se demonstrou, a adoção dos *smart contracts* pode encontrar limitações oriundas da natureza contratual envolvida. Sendo assim, os *smart contracts* possuem aplicabilidade mais recomendável em situações nas quais há dificuldades no estabelecimento de cláusulas *ex post*, nos acordos instantâneos ou de execução pouco diferida. Também têm aplicação nos contratos com termos revestidos de menor imprecisão semântica e pactos com maior zona de acordo, em que existe menor probabilidade de se recorrer a terceiros para a solução de lides supervenientes.

O fato é que, já adotados por diversas instituições, empresas privadas e até países, os *smart contracts* são uma realidade da qual o operador não pode se furtar. Se, para Wittgenstein, "os limites da minha linguagem são os limites do meu mundo",[64] hoje em dia descabe, tão somente, considerar o inglês, o português, o francês. Para que o mundo jurídico não acabe "falando grego", é hora de compreender os reflexos e as (im)possibilidades do uso de linguagens como Python, Django e

---

[63] Robert Alexy, o maior teórico do "método da ponderação" ou "balanceamento", desenvolveu, no artigo *On balancing and subsumption* – a structural comparison (em tradução livre, "Sobre o balanceamento e a subsunção – uma comparação estrutural"), publicado em 2003, uma fórmula para o processo de ponderação. Nesta obra, ele apresenta a fórmula do peso completa, representada por $W_{i,j} = \dfrac{I_i \cdot W_i \cdot R_i}{I_j \cdot W_j \cdot R_j}$, onde $W_{i,j}$ é o resultado do balanceamento entre os princípios i e j, I_i é o grau de interferência que a medida M causa em P_i, I_j, o grau de interferência que a omissão da medida M causa em P_j; W_i, o peso abstrato de P_i; W_j, o peso abstrato de P_j; R_i, as evidências sobre a interferência em P_i e, finalmente, R_j, as evidências sobre a interferência em P_i. As grandezas de interferência utilizadas constituem um modelo triádico, sendo representadas pelos graus l (leve), m (moderado) e s (sério). (ALEXY, 2003).

[64] "5.6 The limits of my language mean the limits of my world" (*In*: WITTGENSTEIN, Ludwig. *Tractatus Logico-Philosophicus*. London: Kegan Paul, Trench, Trubner & Co., Ltd., 1922, p. 74).

C++. Na era inaugurada pela *blockchain*, essas línguas falam o que está por vir: uma nova visão do Direito.

Referências

ALEXY, Robert. *Teoria dos Direitos Fundamentais*. 2. ed. São Paulo: Malheiros, 2011.

ALEXY, Robert. On balancing and subsumption – a structural comparison. *Ratio Juris* 16, n. 4, 2003.

AQUINO JR., Geraldo Frazão de. Contratos, regulação do mercado e tutela da pessoa. *In*: *Civilistica.com*, ano 3, n. 1, 2014. Disponível em: https://civilistica.emnuvens.com.br/redc/article/view/155. Acesso em: 8 dez. 2023.

COELHO, Fábio Ulhoa. *Curso de Direito Civil*: Contratos. São Paulo: Editora Revista dos Tribunais, 2016, v. 3.

CONG, Lin William; HE, Zhiguo. Blockchain disruption and smart contracts. Working Paper 24399. *The national bureau of economic research – NBER*, 2018. Disponível em: http://www.nber.org/papers/w24399. Acesso em: 30 set. 2018.

COOTER, Robert; ULEN, Thomas. *Direito & Economia*. 5. ed. Porto Alegre, Bookman, 2010.

DELMOLINO *et al*. Step by step towards creating a safe smart contract: lessons and insights from a cryptocurrency lab. *In*: International Financial Cryptography Association 2016 J. Clark *et al.* (eds.): FC 2016 Workshops, LNCS 9604, 2016.

DIEDRICH, Henning. *Ethereum*: Blockchains, digital assets, smart contracts, decentralized autonomous organizations. Wildfire Publishing. 2016.

DINIZ, Maria Helena. *Tratado teórico e prático dos contratos*. 6. ed. São Paulo: Editora Saraiva, 2006. v. 1.

FARNSWORTH, Allan. *Farnsworth on contracts*. 3. ed. [s.l.]: Wolters Kluwer Law & Business, 2003.

FRANÇA, Felipe; NÓBREGA, Marcos. *Pacta sunt servanda 3.0: blockchain* e a nova arquitetura de confiança. *In*: COSTA, Marco A. M. (org.) *Aspectos jurídicos do blockchain*. São Paulo: Trevisan, 2019.

GAGLIANO, Pablo Stolze; PAMPLONA FILHO, Rodolfo. *Manual de Direito Civil*. 10. ed. rev. e atual. São Paulo: Saraiva, 2014.

GONÇALVES, Carlos Roberto. *Direito Civil brasileiro*: contratos e atos unilaterais. São Paulo: Saraiva, 2014. V. 3.

HAYEK, F. A. *The denationalization of money*. An analysis of the theory and practice of concurrent currencies. London: Institute of Economic Affairs, 1976.

KAPLOW, Louis. Rules versus standards: an economic analysis. *Duke Law Journal*. V. 42, n. 3, p. 557-629, 1992. Disponível em: http://www.jstor.org/stable/1372840?origin=JSTOR-pdf&seq=1#page_scan_tab_contents. Acesso em: 3 fev. 2018.

LEVY, Karen E. C. Book-smart, not street-smart: blockchain-based smart contracts and the social workings of law. *Engaging Science, Technology and Society*, p. 6-7, 2017. DOI: https://doi.org/10.17351/ests2017.107.

LIM, Cheng *et al*. Smart contracts, bridging the gap between expectation and reality. *Oxford Bus. L. Blog*, 2016. Disponível em: https://blogs.law.ox.ac.uk/business-law-blog/blog/2016/07/smart-contracts-bridging-gap-between-expectation-and-reality. Acesso em: 5 dez. 2023.

LOBO, Paulo Luiz Netto. Constitucionalização do Direito Civil. *Revista de Informação Legislativa*. Brasília, 36, n. 141, 1999.

MACKAAY Ejan; ROUSSEAU, Stéphane. Análise econômica do Direito. Tradução de Rachel Sztajn. 2. ed. São Paulo: Atlas, 2015.

MARQUES FILHO, Vicente de Paula; GIMENES, Amanda Goda. Contrato de *escrow* em operações de fusões e aquisições. Escrow agreement in mergers and acquisitions market, 2012. Disponível em: http://www.publicadireito.com.br/artigos/?cod=7a02741932bb4c9d. Acesso em: 12 set. 2018.

MEDINA, Diego López. Hermenêutica e linguagem na teoria do Direito. *In*: MACEDO JR., Ronaldo Porto; BARBIERI, Catarina Heleno Cortada. *Direito e interpretação*. Racionalidade e instituições. São Paulo: Saraiva, 2011.

MÖLLER, Max. *Teoria geral do neoconstitucionalismo*. Bases teóricas do constitucionalismo contemporâneo. Porto Alegre: Livraria do Advogado, 2011.

NAKAMOTO, Satoshi. *Bitcoin*: A peer-to-peer electronic cash system, 2008. Disponível em: https://bitcoin.org/bitcoin.pdf. Acesso em: 12 set. 2018.

NARAYANAN, A. The future of bitcoin? YouTube, 2015. Disponível em: https://youtu.be/YG7l0XPtzD4. Acesso em: 6 jun. 2016.

FACHINI NETO, Eugênio. A constitucionalização do direito privado. *In*: *Iurisprudentia*: Revista da Faculdade de Direito da Ajes – Juína/MT, ano 2, n. 3, p. 9-46, 2013.

NÓBREGA, Marcos. Análise econômica do Direito Administrativo. *In*: TIMM, Luciano Benetti (org). *Direito e Economia no Brasil*. São Paulo: Atlas, 2012, p. 404-416.

NÓBREGA, Marcos. Teoria econômica da licitação. *In*: TIMM, Luciano (org.). *Direito e Economia no Brasil*. 2. ed. Ed. Atlas, 2014.

NÓBREGA, Marcos. *Direito da infraestrutura*. São Paulo: Quartier Latin, 2011.

PEREIRA, Caio Mário da Silva. *Instituições de Direito Civil*. Rio de Janeiro: Forense, 2014.

PERILLO, Joseph M.; CALAMARI, John D. *Calamari and Perillo on contracts*. 5. ed. [s.l.]: West Group, 2003.

POSNER, Richard A. The law and economics of contract interpretation. *Texas Law Review*. V. 83, p. 1.582-1.614, 2004. Disponível em: https://chicagounbound.uchicago.edu/cgi/viewcontent.cgi?article=2893&context=journal_articles. Acesso em: 3 fev. 2018.

POSNER, Richard A. *Problemas de filosofia do Direito*. São Paulo: Martins Fontes, 2007.

RASKIN, Max. The law and legality of smart contracts. *Georgetown Law Technology Review* 304, 2017. Disponível em: https://ssrn.com/abstract=2959166. Acesso em: 13 out. 2017.

SHKALTZ, Idan. *Smart contracts or smart escrows?* Legal analysis of blockchain based smart contract. Tese de Doutorado, Harvard Law School, 2018. Não publicado.

SKLAROFF, Jeremy. *Smart contracts and the cost of inflexibility*, 2017. Disponível em: https://scholarship.law.upenn.edu/cgi/viewcontent.cgi?article=1009&context=prize_papers. Acesso em: 5 dez. 2023.

STARK, J. *Making sense of blockchain smart contracts*, 2016. Disponível em: http://www.coindesk/com/making-sense-smart-contracts/. Acesso em: 8 dez. 2023.

SZABO, Nick. Smart contracts: building blocks for digital markets. 1996. Disponível em: http://www.fon.hum.uva.nl/rob/Courses/InformationInSpeech/CDROM/Literature/LOTwinterschool2006/szabo.best.vwh.net/smart_contracts_2.html. Acesso em: 27 dez. 2017.

SZABO, Nick. Formalizing and securing relationships on public networks. 1997. Disponível em http://nakamotoinstitute.org/formalizing-securing-relationships/. Acesso em: 27 dez. 2017.

SZABO, Nick. The God protocols. 1997. Disponível em: http://nakamotoinstitute.org/the-god-protocols/#selection-89.35-89.304. Acesso em: 25 fev. 2018.

TEPEDINO, Gustavo. Temas de Direito Civil. 2. ed. rev. atual. Rio de Janeiro: Renovar, 2001.

TIMM, Luciano. *Common law e contract law*: uma introdução ao direito contratual norte-americano. Researchgate, 2012. Disponível em: https://www.researchgate.net/...direito_contratual...americano.../542d66620cf277d58e. Acesso em: 25 mar. 2019.

TIMM, Luciano Benetti. Qual a maneira mais eficiente de prover direitos fundamentais: uma perspectiva de direito e economia? *In*: SARLET, Ingo Wolfgang; TIMM, Luciano Benetti (org). *Direitos fundamentais*. Orçamento e "reserva do possível". 2. ed. Porto Alegre: Livraria do Advogado, 2013, p. 51-62.

TONELO, Leonardo. *M&A* – Garantias para o comprador por passivos e contingências da empresa adquirida, 2018. Disponível em: https://fplaw.com.br/questoes-praticas-a-serem-observadas-na-aquisicao-de-empresas-no-setor-de-varejo-supermercadista-parte-ii/. Acesso em: 20 dez. 2023.

VALE, André Rufino do. Estrutura das normas de direitos fundamentais. Repensando a distinção entre regras, princípios e valores. São Paulo: Saraiva, 2009.

VINCENZI, Marcelo. Interpretação do contrato. Ponderação de interesses e solução de conflitos. São Paulo: Revista dos Tribunais, 2011.

WERBACH, Kevin D.; CORNELL, Nicolas. *Contracts ex machina*, 2017. 67 *Duke Law Journal*. Disponível em: https://ssrn.com/abstract=2936494. Acesso em: 13 out. 2018.

WITTGENSTEIN, Ludwig. *Tractatus Logico-Philosophicus*. London: Kegan Paul, Trench, Trubner & Co., Ltd., 1922.

Informação bibliográfica deste texto, conforme a NBR 6023:2018 da Associação Brasileira de Normas Técnicas (ABNT):

NÓBREGA, Marcos; MELO, Mariana. *Smart contracts* ou "contratos inteligentes": o Direito na era da *blockchain*. *In*: NÓBREGA, Marcos (coord.). *Transformação digital e administração pública*: "o futuro não é mais como era antigamente". Belo Horizonte: Fórum, 2024. p. 65-100. ISBN 978-65-5518-649-9.

CRIPTOMOEDAS E MOEDAS DIGITAIS DOS BANCOS CENTRAIS: DESAFIOS E PERSPECTIVAS DA TRIBUTAÇÃO NO BRASIL

MARCOS NÓBREGA
JOSE ROBERTO AFONSO
NUBIA CASTILHOS

1 Introdução

Muito se tem falado sobre criptomoedas nos últimos anos. A expressão, não raras vezes, ganha as páginas da mídia, normalmente por intermédio de manchetes ligadas a empresas de fachada que deram o golpe do enriquecimento fácil com a comercialização do ativo. Mas, afinal, o que são as criptomoedas? Para que servem? Como são tratadas mundo afora e no ordenamento jurídico brasileiro? Quais os riscos de se investir em criptomoedas? Este texto se propõe a discutir essas inquietudes, demarcando o estágio atual dos debates acerca do tema no panorama doméstico e internacional.

Para tanto, num primeiro momento, será abordada a definição de criptomoedas e a engrenagem que faz circular o *blockchain*, seguido de algumas digressões em torno de sua natureza jurídica. Na sequência, será estudado o tratamento tributário das criptomoedas, numa incursão sobre a posição de diversos países e a compreensão dos órgãos brasileiros competentes – Secretaria Especial da Receita Federal do Brasil (RFB) e Banco Central do Brasil (BCB).

No âmbito das moedas digitais do Banco Central (CBDC),[1] matéria tão em evidência quanto as criptomoedas, o texto fará um apanhado

---

[1] Optamos por usar as siglas em inglês, condizendo com muita literatura externa aqui citada.

geral do que vem a ser esse instrumento financeiro, buscando colacionar, principalmente a partir de estudos contidos na página eletrônica do Banco de Compensações Internacionais (BIS), os elementos que compõem a sua definição, classificações, vantagens e desvantagens de sua criação, assim como o estado da arte em torno das discussões sobre o assunto, incluindo as ações a respeito empreendidas pelo Banco Central brasileiro. Apesar da forma peculiar de gestão de sua economia, serão vertidos alguns elementos sobre a China, em razão de ter sido o primeiro país a ter a sua CBDC.

A relevância do debate mundial sobre as moedas digitais do banco central alçou patamares que não permitem que se fique alheio à pauta. Concordando ou não com ela, é preciso conhecê-la. Há quem diga que essas moedas "com suas diferenças dramáticas em relação ao papel moeda e dados, é provável que seja uma virada de jogo no sistema financeiro internacional" (WANG e GAO, 2020, p. 1).

Duas das principais fontes utilizadas neste artigo foram o relatório emitido em outubro de 2020, pela Organização para a Cooperação e Desenvolvimento Econômico (OECD), onde a Instituição fez uma pesquisa inédita e robusta sobre as criptomoedas, a partir da análise das respostas de cinquenta países,[2] e o relatório que contém os resultados da terceira pesquisa do BIS sobre moeda digital do banco central, de janeiro de 2021.[3]

2 As criptomoedas

2.1 Definição de criptomoedas e mecanismo utilizado para sua circulação (emissão, validação e registro) – o *blockchain*

Um dos primeiros pontos a pensar sobre o tema é a ideia do motivo pelo qual as pessoas compram criptomoedas como investimento. Essa resposta pode ser bem simples ou bem complexa. No primeiro

---

[2] OECD (2020), *Taxing virtual currencies:* an overview of tax treatments and emerging tax policy issues, OECD Paris. Disponível em: https://www.oecd.org/tax/tax-policy/taxing-virtual-currencies-an-overview-of-tax-treatments-and-emerging-tax-policy-issues.htm. As transcrições desse documento foram feitas em tradução livre. Acesso em: 14 maio 2021.

[3] BIS Papers n. 114 – *Ready, steady, go?* – Results of the third BIS survey on central bank digital currency. Janeiro de 2021. Disponível em: https://www.bis.org/publ/bppdf/bispap114.pdf. As transcrições desse documento foram feitas em tradução livre. Acesso em: 7 out. 2021.

caso, o argumento se dá pela elevada valorização que alguns desses ativos tiveram recentemente, como é o caso da *bitcoin*, que nos últimos cinco anos teve uma valoração de mais de 4.000% em relação ao dólar. A resposta mais complexa, por sua vez, tem relação com diversas outras variáveis que serão tratadas no decorrer deste texto.

De acordo com a OECD (2020), não há uma definição acordada internacionalmente para o termo "criptoativo". Ele seria comumente utilizado para se referir a tipos de ativos financeiros digitais que são baseados na tecnologia de contabilidade distribuída (DLT), como é o *blockchain*, e tem a criptografia como parte de seu valor percebido ou inerente.

As criptomoedas, por sua vez, são espécie do gênero criptoativos e podem ser definidas como moedas virtuais, de circulação na Internet e operadas via uma tecnologia chamada *blockchain*. A mais famosa das criptomoedas é a *bitcoin*, seguida da Ethereum. De uma maneira mais simples, "as chamadas moedas virtuais (...) são uma forma de transferir recursos financeiros entre pessoas pela Internet" (CASTELLO, 2019, p. 2).

A OECD alerta que como as moedas virtuais não são equiparadas às moedas fiduciárias na maioria dos países, a expressão pode confundir as pessoas, razão pela qual sugere que a denominação "*tokens* de pagamento" seria mais adequada, todavia, como o termo "moedas virtuais" já se popularizou, assim também a instituição se refere quando fala sobre as criptomoedas (OECD, 2020).

As criptomoedas também podem ser chamadas de moedas digitais, o que poderia levar a confusões com o segundo objeto deste estudo, a CBDC, mas esta será identificada como moedas digitais (ou moeda digital) do banco central. Neste texto, não será utilizada a terminologia *token* de pagamento, mas criptomoedas, moedas virtuais ou digitais, como sinônimas.

A *bitcoin*, juntamente com a tecnologia *blockchain*, surge em 2008, criada por uma pessoa ou grupo sob o pseudônimo de Satoshi Nakamoto, cuja identidade ainda é desconhecida, a partir de questionamentos sobre a necessidade da existência de mediador para a emissão, controle e validação das transações com moedas. Com relação às moedas fiduciárias, essa função é desempenhada por uma autoridade central, como bancos e operadoras de cartão de crédito, por exemplo. A mediação é necessária para evitar o gasto duplo, ou seja, para evitar que o mesmo valor seja utilizado para pagar mais de uma conta. (MEIRA *et al.*, 2020, p. 340-341). Assim, Satoshi Nakamoto desenvolve a *blockchain*.

A primeira moeda virtual em que é a própria rede que valida as transações foi a *bitcoin*, evitando assim o gasto duplo. Essa rede é a *blockchain*, tida por muitos como a verdadeira grande invenção, maior ainda que a própria *bitcoin*. Mas como funciona essa tecnologia? A doutrina descreve o modelo. Na dicção de Piscitelli (2018, p. 576-577):

> A *blockchain* é uma rede pública e compartilhada de computadores (*nodes*) na qual as transações com criptomoedas são registradas e verificadas. A verificação é realizada pelos chamados "mineradores", que validam a transação pela checagem da conformidade com as regras da rede; essa checagem envolve a confirmação dos dados pela solução de um problema matemático encriptado. Aquele que primeiro resolve o problema e valida as informações adiciona a operação aos blocos anteriores, confirmando-a. Como resultado, obtém um determinado número de criptomoedas geradas pelo sistema. Sobre esse ponto, reitere-se que não há um sujeito emissor, uma autoridade central; a emissão é uma decorrência lógica da validação da transação e gerada pelo sistema.

Vale a pena conferir o funcionamento mais pormenorizado da *blockchain*, a começar pela necessidade de se criptografar todas as transações em todos os computadores ligados na rede da criptomoeda. A tecnologia é tão inovadora e, para a maioria dos autores consultados, altamente segura, que ela não se resume às criptomoedas. Já é possível vislumbrar a utilização da *blockchain* em diversos setores, como o de saúde e o setor público.

Como exemplo na área da saúde, pode ser citado o Hospital Universitário Lauro Wanderley da Universidade Federal da Paraíba, que anunciou a adoção de um sistema em *blockchain* para a realização de consultas *online*. Trata-se de solução que objetiva evitar o colapso do sistema de saúde, posto à prova com a pandemia do coronavírus. Segundo a fonte consultada:

> A plataforma de telemedicina TelerRim integra tecnologia desenvolvida pelo Laboratório de Aplicações de Vídeo Digital (Lavid), da Universidade Federal da Paraíba (UFPB), ao projeto Vídeo for Health (V4H), uma plataforma de videocolaboração para telessaúde, que possibilita o registro dos atendimentos remotos de forma mais segura.[4]

---

[4] Disponível em: https://exame.com/future-of-money/blockchain-e-dlts/contra-colapso-hospital-publico-da-paraiba-adota-solucao-em-blockchain/. Acesso em: 17 maio 2021.

Quanto ao uso da *blockchain* no setor público, em setembro de 2020, em webinário promovido pelo Ministério da Justiça e Segurança Pública, discutiu-se o uso do *blockchain* pelos órgãos do governo brasileiro. O tema fez parte da Ação 8/2020 da Estratégia Nacional de Combate à Corrupção e à Lavagem de Dinheiro (ENCCLA).

Consta que o segundo painel desse evento foi moderado pela Associação dos Magistrados Brasileiros, e apresentou casos práticos de utilização do *blockchain* no setor público, a exemplo do BCB, Secretaria da Receita Federal do Brasil (RFB), Ministério da Saúde, Serpro e Controladoria-Geral do Paraná. A matéria finaliza aduzindo que no setor público, a tecnologia "pode proporcionar maior segurança na troca de informações entre os órgãos do governo, inibindo a corrupção e a lavagem de dinheiro por facilitar o rastreamento e reforçar a confiabilidade em ações de compartilhamento de dados e informações".[5]

Em outras palavras, cuida-se de tecnologia que já vem sendo aplicada no setor público nacional. Tanto é, que nesse webinário foi divulgado o documento "*Blockchain* no setor público: guia de conceitos e usos potenciais", veiculando diagnóstico sobre as possibilidades de uso de tecnologias como *blockchain* nas organizações públicas.[6]

A *blockchain*, para muitos, tem o potencial de fazer uma das maiores revoluções na economia digital desde a Internet, sobretudo pelos aspectos de confiança e segurança que lhes são atribuídos.

Quanto às principais características das criptomoedas, elas são transacionadas no ambiente da Internet, com o uso de tecnologia e de criptografia, que garantem níveis altíssimos de segurança; a emissão, validação e registro ocorrem de forma descentralizada – não possuem curso legal e seu valor não é assegurado por nenhuma autoridade estatal; o mecanismo de emissão e de validação não depende de um intermediário, mas de um sistema em cadeias de blocos (*blockchain*); seu valor é baseado na confiança; o sistema de *blockchain* permite maior anonimato dos investidores; seu poder liberatório de obrigações advém da própria comunidade virtual; possui alta volatilidade de preços.

Parte dessas características é responsável por um dos problemas que atingem as criptomoedas – a questão criminal. Isso porque o

---

[5] Disponível em: http://enccla.camara.leg.br/noticias/webinario-blockchain-e-o-setor-publico-no-brasil. Acesso em: 17 maio 2021.

[6] Disponível em: https://www.gov.br/agu/pt-br/comunicacao/noticias/seminario-online-debate-o-uso-da-tecnologia-blockchain-para-prevencao-a-corrupcao. Acesso em: 17 maio 2021.

anonimato, a ausência de controle centralizado sobre os ativos, a falta de bases de dados uniformes e de documentação adequada, entre outros, favorecem a não-identificação das pessoas e dos ativos utilizados no cometimento de ilícitos criminais, como terrorismo e lavagem de dinheiro. Objetivando o combate a esse tipo de delito, o Grupo de Ação Financeira Internacional (GAFI), do qual o Brasil faz parte, tem levantado a bandeira de que sejam permitidas apenas transações por intermédio de corretoras de criptomoedas.[7]

2.2 A natureza jurídica das criptomoedas

Afinal, qual a natureza jurídica das moedas virtuais? A própria denominação "moeda" virtual ou criptomoedas poderia levar a pergunta a uma resposta óbvia, mas a questão é mais intrincada.

Sob o ponto de vista econômico, uma moeda deve possuir três funções principais. Ela deve ser um meio de troca, ou seja, um instrumento para o uso de pagamentos com um valor em que os agentes possuem confiança; uma reserva de valor, preservando seu poder de compra com o passar dos anos; e uma unidade de conta, que permite atribuir um preço a bens e serviços.

Segundo Melissa Guimarães Castello, a maioria dos autores brasileiros entende que as criptomoedas não são moedas propriamente ditas (cita autor que defende que seriam meras *commodities* sem regulação). Há os que entendam tratar-se de moedas eletrônicas. Nos termos do artigo da autora, "moeda tem curso legal quando todas as pessoas de uma determinada comunidade têm a obrigação de aceitá-la; tem curso forçado quando não se pode exigir do emitente da moeda o reembolso em outros ativos; tem poder liberatório quando é meio juridicamente válido para extinguir obrigações" (2019, p. 5).

O Real agrega essas três características. O art. 21, VII, da Constituição Federal (CF) dispõe que compete à União a emissão de moeda (a competência é exclusiva). Nos termos do art. 315 da Lei nº 10.406, de 10 de janeiro de 2002 (Código Civil), "As dívidas em dinheiro deverão ser pagas no vencimento, em moeda corrente e pelo valor nominal, salvo o disposto nos artigos subsequentes". Pelo art. 318, também do Código Civil, "São nulas as convenções de pagamento em ouro ou

---

[7] Disponível em: https://livecoins.com.br/gafi-p2p-bitcoin-criminalizar-uso-de-carteiras/. Acesso em: 23 maio 2021.

em moeda estrangeira, bem como para compensar a diferença entre o valor desta e o da moeda nacional, excetuados os casos previstos na legislação especial". A Lei nº 9.069, de 29 de junho de 1995, por sua vez, reza que a "A partir de 1º de julho de 1994, a unidade do Sistema Monetário Nacional passa a ser o Real, que terá curso legal em todo o território nacional".

Como se percebe, a CF não conceitua moeda e tampouco o Código Civil brasileiro, o qual menciona o termo "moeda corrente" em seu art. 315, sem, contudo, defini-lo. No mesmo rumo, a Lei nº 9.060, de 1995, que "Dispõe sobre o Plano Real, o Sistema Monetário Nacional, estabelece as regras e condições de emissão do Real e os critérios para conversão das obrigações para o Real, e dá outras providências", embora mencione que o real terá curso legal em todo o território nacional, também não vai além disso na sua conceituação.

De uma maneira geral, as criptomoedas não parecem aglutinar os três atributos antes descritos, ao menos no Brasil, à exceção de países que já lhes atribuíram alguma, ou todas essas características. De outra banda, também é fato que a legislação pátria não definiu o que seja moeda, como já aduzido.

As criptomoedas poderiam, então, ser caracterizadas como moedas estrangeiras? Pelo menos um dos artigos pesquisados defende a inexistência de óbice para tanto, uma vez que transações com moedas estrangeiras são reguladas pelo BCB, não havendo também nenhuma conceituação ou determinação legal em vigência relativamente às moedas estrangeiras que configurem empecilho para essa caracterização. Ademais, defende a autora desse artigo, que tanto as criptomoedas quanto as moedas estrangeiras são reservas de valor e unidade de conta, além de servirem como meio de troca, a primeira junto à comunidade virtual respectiva e, a segunda, nos países correspondentes. (CASTELLO, 2019, p. 5-9).

Júlio Cesar Stella realça que "(...) considerando-se as normas gerais de direito, os usos dados a esses instrumentos, a regulamentação de institutos semelhantes e as manifestações de autoridades a respeito, é adequado o tratamento destas como uma coisa incorpórea, mais especificamente, um domínio eletrônico com valor abstrato ao qual se atribui direito de propriedade.[8] (2017, p. 161).

---

[8] Disponível em: https://revistapgbc.bcb.gov.br. Acesso em: 14 jan. 2022.

Com relação a *bitcoin*, destaca-se o artigo de Yermack (2015), em que o autor adverte que a *bitcoin* alcançou apenas um volume reduzido de transações do consumidor, sua volatilidade é muito maior do que as volatilidades de moedas amplamente utilizadas, as taxas de câmbio diárias do *bitcoin* não exibem qualquer correlação com moedas amplamente usadas como o ouro, além de enfrentar riscos diários de invasão e roubo, não tem acesso a um sistema bancário com seguro de depósito e não é usado para denominar crédito ao consumidor ou contratos de empréstimo. Desse modo, a *bitcoin* é vista pelo autor muito mais como um investimento especulativo do que como uma moeda.

2.3 O tratamento tributário das criptomoedas

O interesse mundial pelas criptomoedas tem crescido a passos largos no Brasil e no mundo. Para se ter uma ideia, ainda em 2017, a RFB publicou que "apenas no mês de dezembro de 2017, o total movimentado no Brasil, relativo a compras e vendas de *bitcoin*, atingiu o patamar de 4 (quatro) bilhões de reais, com o ativo em média negociado a aproximadamente R$ 49.000,00 (quarenta e nove mil reais)".[9]

Comparando os dados daquele ano com 2021, quando as *exchanges* brasileiras movimentaram R$ 103,5 bilhões em *bitcoin*,[10] o enfrentamento da discussão sobre a tributação a que estão submetidas as criptomoedas adquire especial dimensão. Sob o viés tributário, a questão já tem sido discutida em diversos países, mas ainda de forma incipiente, não existindo um tratamento uniforme entre eles, o que seria altamente desejável, haja vista tratar-se de ativo transfronteiriço.

A matéria é tão relevante em termos tributários que, objetivando fornecer elementos para ajudar os formuladores de políticas que desejam melhorar suas estruturas de política tributária para moedas virtuais, em outubro de 2020, a OECD lançou o relatório *Taxing Virtual Currencies: an overview of tax treatments and emerging tax policy issues* (Tributação de moedas virtuais: uma visão geral de tratamentos fiscais e questões de política tributária emergente). O documento foi elaborado por solicitação dos líderes do G20, de seus ministros de finanças

---

[9] Disponível em: http://receita.economia.gov.br/sobre/consultas-publicas-e-editoriais/consulta-publica/arquivos-e-imagens/consulta-publica-rfb-no-06-2018.pdf/view. Acesso em: 23 maio 2021.

[10] Disponível em: https://valorinveste.globo.com/mercados/cripto/noticia/2022/01/07/valor-negociado-em-bitcoin-no-brasil-salta-417percent-em-2021-e-chega-a-r-1035-bilhoes.ghtml. Acesso em: 13 jan. 2022.

e dirigentes de seus bancos centrais, e contou com a participação de mais de 50 (cinquenta) países, inclusive do Brasil.

A seguir, as possibilidades de tratamento tributário das criptomoedas na perspectiva do imposto sobre a renda; do IVA e do imposto sobre propriedade, conforme consta do Relatório da OECD em referência. Em que pese a inexistência de IVA no Brasil, considerando as propostas de reforma tributária em debate, algumas delas prevendo a criação do tributo, acredita-se que os dados da OECD a respeito possam ser úteis. Antes, porém, é importante destacar os principais eventos tributáveis relacionados ao ativo, já identificados pela mencionada instituição e pela doutrina nacional.

Os eventos tributáveis basilares das criptomoedas seriam 1) *airdrops* – distribuição de uma criptomoeda de graça, sem custos; 2) oferta inicial de *token* (ou oferta inicial de moedas) – ICOs – *initial coin offers* – pessoas depositam uma moeda famosa ou moeda fiduciária e recebem em troca uma moeda que está sendo lançada no mercado – OECD ressalta que esse modelo foi menos frequente em 2019 e 2020, em parte devido aos esforços da Comissão de Valores Mobiliários dos Estados Unidos e às dificuldades de competição com moedas virtuais mais conhecidas; 3) mineração – processo pelo qual transações de criptomoedas são verificadas e adicionadas à *blockchain*. O "minerador" é a pessoa na rede que realiza os processos matemáticos de validação e por ser o primeiro a resolver equações complexas, pode ter direito a recompensas na forma de novas criptomoedas ou a uma taxa, que é uma porcentagem do valor da transação; 4) forjamento – falsificadores (participantes) 'apostam' seus *tokens* próprios para ter o direito de verificar uma transação e são creditados uma taxa de transação ou novos tokens. (OECD, 2020, p. 11-14).

Segundo Piscitelli, "A avaliação da incidência tributária possível das operações com criptomoedas passa pela identificação das modalidades de aquisição de tais ativos. Em linhas gerais, há três formas de se obter criptomoedas: minerando, trocando um tipo de moeda por outra ou adquirindo-a." (2018, p. 40).

Nos itens abaixo, a opção será por apresentar os resultados vertidos no Relatório da OECD,[11] o qual traça um panorama bastante

---

[11] OECD (2020), *Taxing virtual currencies:* an overview of tax treatments and emerging tax policy issues, OECD Paris. Disponível em: https://www.oecd.org/tax/tax-policy/taxing-virtual-currencies-an-overview-of-tax-treatments-and-emerging-tax-policy-issues.htm. Acesso em: 14 maio 2021.

abrangente sobre como os países estão enquadrando as criptomoedas dentro de seus sistemas tributários (OECD, 2020). No item 1.4, será visto como o Brasil tem feito essa caracterização até o momento, remetendo a tributação para o âmbito do Imposto sobre a Renda (IR), e quais as consequências de se considerar as moedas virtuais como moedas estrangeiras, o que levará o estudo ao campo do Imposto sobre Operações de Crédito, Câmbio e Seguro ou relativas a Títulos ou Valores Mobiliários (IOF).

2.3.1 Tributação das criptomoedas na perspectiva do Imposto sobre a Renda

De acordo com a OECD, dos 50 países que participaram da pesquisa por meio de questionários, quase todos consideram as moedas virtuais uma forma de propriedade; a maioria considera um ativo intangível que não seja ágio, um ativo financeiro ou uma mercadoria. Os ativos seriam como ativos geradores de ganho de capital na maioria das jurisdições e, em casos raros, como ativos geradores de negócios ou receitas diversas.

A maioria dos países considera as trocas feitas entre moedas virtuais e moedas fiduciárias como fatos tributáveis. Trocas no pagamento de bens, serviços ou salários também são tratadas como eventos tributáveis em quase todos os países. Por fim, a pluralidade de países respondentes indicou que o recebimento de um novo *token* via mineração ocasiona um evento tributável.

2.3.2 Tributação das criptomoedas na perspectiva do IVA

Segundo a OECD, na maioria dos países, a troca feita por moeda fiduciária ou outras moedas virtuais não enseja a tributação pelo IVA.

A atividade pura de usar moedas virtuais para adquirir bens ou serviços também está fora do âmbito do IVA.

No entanto, os bens tributáveis e serviços pagos com moedas virtuais se sujeitam ao IVA conforme apropriado. Com algumas exceções, por exemplo na França e Itália, o recebimento de novos *tokens* via mineração também não é tributado pelo IVA. Um impacto desse tratamento é evitar complicações associadas à tributação dessas transações sob as regras do IVA, incluindo a manutenção de registros específicos para estabelecer valores e deduções, e a inclusão de pessoas físicas ou pequenos negociantes nas regras de registro do IVA.

2.3.3 Tributação das criptomoedas na perspectiva de impostos sobre a propriedade

Como moedas virtuais são normalmente consideradas propriedades para fins fiscais, elas também estão sujeitas à tributação sobre a propriedade em países que cobram impostos sobre doação, riqueza ou impostos de transferência.

Os impostos sucessórios ou imobiliários existem em vários países respondentes, incluindo Bélgica, Brasil, Bulgária, Dinamarca, Finlândia, França, Alemanha, Islândia, Irlanda, Coreia, Holanda, Espanha, Reino Unido e os Estados Unidos.

Moedas virtuais também estão incluídas como ativos dentro da definição de impostos sobre a riqueza em vários países onde esses impostos existem. É o caso, por exemplo, da Bélgica, Luxemburgo, Noruega, Espanha e Suíça.

Onde existem, os impostos de transferência normalmente não se aplicam à transferência de moedas virtuais, pois não enquadram na definição de ativos sobre os quais esses impostos se aplicam nos países respondentes. Impostos sobre doações podem incidir apenas acima de um limite de valor específico.

2.4 A tributação e a regulação das criptomoedas no Brasil

Em 2018, a RFB realizou a Consulta Pública nº 6, cujo objetivo foi a criação de obrigação acessória para que as *exchanges* de criptoativos prestassem informações relativas às operações envolvendo criptoativos e a previsão de declaração por parte de pessoas físicas e jurídicas quando utilizassem *exchanges* no exterior ou ambientes disponibilizados por *exchanges* para as transações envolvendo criptoativos.

A justificativa para a edição da norma foi a necessidade de aumentar os insumos na luta pelo combate à lavagem de dinheiro e corrupção, produzindo, também, um aumento da percepção de risco em relação a contribuintes com intenção de evasão fiscal. Assim, em 3 de maio de 2019, a RFB editou a Instrução Normativa nº 1.888, que instituiu e disciplinou a obrigatoriedade de prestação de informações relativas às operações realizadas com criptoativos.

Nos termos do art. 6º da IN/RFB nº 1.888, de 2019, são obrigadas a prestar informações à RFB: I – a *exchange* de criptoativos domiciliada para fins tributários no Brasil; II – a pessoa física ou jurídica residente ou domiciliada no Brasil quando: a) as operações forem realizadas em *exchange* domiciliada no exterior ou b) as operações não forem realizadas em *exchange*. No caso do inciso II, as informações deverão ser prestadas sempre que o valor mensal das operações, isolado ou conjuntamente, ultrapassar R$ 30.000,00 (trinta mil reais).

A obrigatoriedade de prestar informações aplica-se à pessoa física ou jurídica que realizar quaisquer das operações com criptoativos de compra e venda; permuta; doação; transferência de criptoativo para a *exchange*; retirada de criptoativo da *exchange*; cessão temporária (aluguel); dação em pagamento; emissão; e outras operações que impliquem transferência de criptoativos.

Sob o viés da obrigação principal, comparando o guia publicado pela RFB para orientar os contribuintes quanto à declaração do IR pessoa física relativo aos exercícios de 2021[12] e 2022, percebem-se algumas mudanças. As principais consistem na equiparação dos criptoativos a "ativos", e não mais a "ativos financeiros", e o estabelecimento de um teto de cinco mil reais de valor de aquisição de cada tipo de criptoativo, a partir do qual a declaração será obrigatória.

Os criptoativos, e entre eles estão as criptomoedas, devem ser declarados pelo valor de aquisição na Ficha Bens e Direitos da DIRPF. Ou seja, o Brasil considera as criptomoedas como um bem (um ativo) para fins do Imposto sobre a Renda (ver a resposta à pergunta nº 455 na publicação oficial da RFB acerca do Imposto sobre a Renda 2022).[13] Na mesma publicação, na resposta à pergunta nº 619, a RFB esclarece que

> Os ganhos obtidos com a alienação de criptoativos cujo total alienado no mês seja superior a R$ 35.000,00 são tributados, a título de ganho de capital, segundo alíquotas progressivas estabelecidas em função do lucro, e o recolhimento do imposto sobre a renda deve ser feito até o último dia útil do mês seguinte ao da transação (...). A isenção relativa às alienações de até R$ 35.000,00 mensais deve observar o conjunto de

---

[12] Disponível em: https://www.gov.br/receitafederal/pt-br/centrais-de-conteudo/publicacoes/perguntas-e-respostas/dirpf/pr-irpf-2022.pdf/view. Acesso em: 21 maio 2021.
[13] *Ibidem*.

criptoativos alienados no Brasil ou no exterior, independente de seu tipo (*bitcoin, altcoins, stablecoins*, NFTs, entre outros). Caso o total alienado no mês ultrapasse esse valor, o ganho de capital relativo a todas as alienações estará sujeito à tributação.

É de se notar que a RFB editou a Solução de Consulta nº 214 – Cosit, de 20 de dezembro de 2021, ratificando a mencionada isenção, ao dispor que "É isento do imposto sobre a renda o ganho de capital auferido na alienação de criptomoedas cujo valor total das alienações em um mês, de todas as espécies de criptoativos ou moedas virtuais, independentemente de seu nome, seja igual ou inferior a R$ 35.000,00 (trinta e cinco mil reais)".[14] E ainda deliberou:

> O ganho de capital apurado na alienação de criptomoedas, quando uma é diretamente utilizada na aquisição de outra, ainda que a criptomoeda de aquisição não seja convertida previamente em real ou outra moeda fiduciária, é tributado pelo imposto sobre a renda da pessoa física, sujeito a alíquotas progressivas, em conformidade com o disposto no art. 21 da Lei nº 8.981, de 20 de janeiro de 1995, devendo o valor de alienação da criptomoeda ser avaliado em reais pelo valor de mercado que tiver na data do recebimento.[15]

A posição brasileira acerca da tributação das criptomoedas é semelhante à dos Estados Unidos. Segundo a doutrina, nos EUA, se uma criptomoeda for utilizada para a compra de um bem, será considerada como venda de propriedade, e estará sujeita à tributação por ganho de capital (MEIRA *et al.*, 2020, p. 351.)

Ao comparar a posição brasileira e norte-americana com a de outros países, há críticas no sentido de que esta última, tendo como exemplo a Alemanha, estaria mais condizente com possibilidades de uma tributação mais segura. Isso porque a Alemanha, em 2018, entendeu que as criptomoedas seriam moedas de fato, e não propriedade.

Interessante que na resposta à pergunta nº 455, no documento acima citado, a RFB inicia asseverando que "Os criptoativos não são considerados moeda de curso legal nos termos do marco regulatório atual". Retomando, em parte, alguns pontos do item 1.2 desse estudo, a falta de curso legal, aliada à ausência de poder liberatório de obrigações

---

[14] Disponível em: http://normas.receita.fazenda.gov.br/sijut2consulta/link.action?naoPublicado=&idAto=122341&visao=original. Acesso em: 13 jan. 2022.
[15] *Ibidem*.

por autoridade estatal, são dois dos argumentos mais fortes para não se considerar as criptomoedas como moedas. Ocorre, porém, que ainda assim as criptomoedas são utilizadas como meio de pagamento, uma vez que quem as recebe tem confiado em sua aptidão para extinguir obrigações.

O Real é a única moeda de curso legal e forçado no Brasil e, em decorrência do art. 318 do Código Civil, que lhe atribui o curso forçado, não há autorização normativa para que as criptomoedas sejam aceitas como meios de pagamento dentro do território nacional, ressalvadas situações excepcionais que aceitam outros meios de pagamento. (CASTELLO, 2019, p. 7-8).

Entretanto, Melissa Guimarães Castello defende que moeda e moeda legal são expressões que se referem a fenômenos distintos, sendo aquela mais ampla que esta, e que, dentro do ordenamento jurídico brasileiro, há a previsão das moedas estrangeiras, cujo mercado de câmbio é regulado pelo BCB. Nessa lógica, e considerando que as normas existentes sobre moedas estrangeiras no Brasil não exigem que elas sejam necessariamente emitidas por Estados soberanos, a autora sustenta que tendo em vista a ausência de uma definição legal clara sobre moeda, conjugada aos outros elementos mencionados, nada obsta a que se considerem as criptomoedas como moedas estrangeiras (CASTELLO, 2019, p. 8).

A relação entre essa conjuntura jurídica e o monopólio estatal para emissão de moeda e a soberania também deve nortear os debates sobre considerar, ou não, as criptomoedas como moedas estrangeiras. Mais uma vez, ensina Melissa Guimarães Castello (2019, p. 8):

> Nesse particular, é especialmente interessante a conclusão a que chega Teixeira (2017, p. 422-423), ao analisar se o monopólio estatal de emissão de moeda é condição necessária para o exercício da soberania. Em uma distinção sutil, mas relevante, o autor conclui que a soberania estatal não se expressa no monopólio de emissão de moeda, mas na própria política monetária. Por consequência, o autor admite a existência de moedas não estatais, como as criptomoedas –, mas ressalta a necessidade de regulação dessas moedas pelo Estado soberano, como modo de assegurar a previsibilidade e a segurança jurídica aos agentes econômicos.

Uma das consequências diretas da classificação como moedas estrangeiras será a incidência do IOF sobre as operações envolvendo criptomoedas, pois operações com moeda estrangeira constituem fato gerador do referido imposto, nos termos do art. 63, II, do Código Tributário Nacional. Com base na Lei nº 8.894, de 21 de junho de 1994, art. 6º, o Decreto nº 6.306, de 14 de dezembro de 2007 ("Regulamenta o Imposto sobre Operações de Crédito, Câmbio e Seguro, ou relativas a Títulos ou Valores Mobiliários – IOF"), arts. 12 e 13, reza que "São contribuintes do IOF os compradores ou vendedores de moeda estrangeira nas operações referentes às transferências financeiras para o ou do exterior, respectivamente" e "São responsáveis pela cobrança do IOF e pelo seu recolhimento ao Tesouro Nacional as instituições autorizadas a operar em câmbio".

A classificação das criptomoedas como moedas estrangeiras teria o condão, portanto, na esfera federal, de sujeitar o ativo, além da incidência do IR, nas mesmas situações previstas para as moedas estrangeiras, também ao IOF. Sobre este último, considerando sua função extrafiscal, de regulação da economia, há justificativas plausíveis capazes de fundamentar a sua utilização para tais fins.

O Brasil não está tão desconectado da prática da maioria das demais jurisdições que responderam ao questionário da OECD em termos de tributação das criptomoedas. O que nos parece importante é verificar se essa tendência é a melhor, considerando o nosso sistema tributário como um todo. O cenário ideal seria o tratamento global dessa tributação, uma vez que o ativo ultrapassa fronteiras.

Chamam a atenção duas normativas do BCB acerca das criptomoedas – o Comunicado nº 25.306, de 19 de fevereiro de 2014, onde se "Esclarece sobre os riscos decorrentes da aquisição das chamadas moedas virtuais ou moedas criptografadas e da realização de transações com elas"; e o Comunicado n° 31.379, de 16 de novembro de 2017, em que o Banco "Alerta sobre os riscos decorrentes de operações de guarda e negociações das denominadas moedas virtuais".

Uma das possíveis interpretações desses comunicados, para além dos alertas aos investidores sobre os riscos inerentes aos investimentos em criptomoedas, é a preocupação do governo brasileiro em se resguardar de qualquer responsabilidade futura com as perdas advindas das transações com as moedas virtuais. E, então, vem a pergunta – será que não seria interessante partir para uma discussão mais profunda sobre uma regulação que venha a mitigar, ao menos em parte, os problemas existentes nas transações com criptomoedas?

Nesse contexto, vide, por exemplo, o Ofício Circular SEI nº 4081/2020/ME, de 1º de dezembro de 2020,[16] oriundo do Ministério da Economia e endereçado a todas as Juntas Comerciais do país. Tal ofício originou-se em consulta da Junta Comercial do Estado de São Paulo, acerca da possibilidade de utilização de criptomoedas como meio de pagamento de operações societárias e integralização de capital de sociedades. Os questionamentos foram: I – Qual seria a natureza jurídica das criptomoedas: (i) uma moeda, (ii) um valor mobiliário, (iii) um bem incorpóreo, este com ou sem valor econômico? II – Haveria vedação legal para integralização de capital com criptomoedas? III – Quais as formalidades que as Juntas Comerciais devem observar, para fins de operacionalizar o registro dos atos societários que eventualmente envolverem o uso de criptomoedas? O Ministério da Economia, por sua vez, respondeu:

> Quanto ao primeiro questionamento, o Banco Central do Brasil e a Comissão de Valores Mobiliários já se manifestaram a respeito do assunto: o BCB emitiu comunicados afirmando que "as chamadas moedas virtuais não se confundem com a 'moeda eletrônica' de que tratam a Lei 12.865/2013 e sua regulamentação infralegal"; e a CVM emitiu notas afirmando que "tais ativos virtuais, a depender do contexto econômico de sua emissão e dos direitos conferidos aos investidores, podem representar valores mobiliários, nos termos do art. 2º da Lei 6.385/1976".

Assim, é inegável que a própria RFB considera as criptomoedas como bens incorpóreos que possuem avaliação pecuniária, são negociáveis e podem ser usados de diversas formas (investimento, compra de produtos, acesso a serviços etc.).

No tocante ao segundo questionamento, não há nenhuma vedação legal expressa para a integralização de capital com criptomoedas, valendo lembrar, nesse particular, o que dizem o art. 997, inciso III do Código Civil e o art. 7º da Lei 6.404/1976:

> É importante destacar que a ausência de vedação legal expressa faz incidirem ao deslinde da questão o art. 3º, inciso V e o art. 4º, inciso VII da Lei da Liberdade da Econômica (Lei 13.874/2019):
> (...).

---

[16] Disponível em: https://pt.scribd.com/document/486791974/Ofi-cio-Circular-4081-integralizaca-o-criptomoedas-1. Acesso em: 21 maio 2021.

Por fim, no que se refere ao terceiro questionamento, não existem formalidades especiais que devam ser observadas pelas Juntas Comerciais 'para fins de operacionalizar o registro dos atos societários que eventualmente envolverem o uso de criptomoedas', devendo ser respeitadas as mesmas regras aplicáveis à integralização de capital com bens móveis, conforme o respectivo tipo societário, limitando-se às Juntas Comerciais ao "exame do cumprimento das formalidades legais" do ato objeto de arquivamento (art. 40 da Lei 8.934/1994).

Ou seja, se por um lado há diversos riscos advindos das transações com as criptomoedas, conforme alertas do BCB, de outro, não há vedações legais para que essas transações ocorram, levando ao pensamento se o mínimo de regulação estatal não seria o caminho a ser buscado neste momento, de forma a conferir alguma segurança jurídica a todas as partes.[17]

3 As moedas digitais dos bancos centrais

3.1 Elementos iniciais

É possível dizer que os debates sobre as moedas digitais do banco central (CBDC) estão tão em voga quanto as criptomoedas privadas. Os itens seguintes deste trabalho se dedicarão a esse conteúdo, verdadeira manchete nos sistemas financeiros da atualidade. Diversos países estão discutindo *design*, vantagens, desvantagens, marco legal, competências, tecnologias, sistemas de segurança, e muitos outros pontos que perpassam a criação de uma moeda digital pelos próprios bancos centrais.

Trata-se de moeda em meio digital que coexistiria com o dinheiro físico e depósitos bancários, sem, contudo, substituí-los. Uma unidade

---

[17] Em fevereiro de 2022, a imprensa noticiou que "O Banco Central avalia a elaboração de diretrizes para impor fiscalização às transações financeiras com criptomoedas no Brasil, como o *bitcoin*, e definir penalidades para conter a explosão de golpes e fraudes". Porém, não foram encontradas informações a respeito na página oficial do BCB. Disponível em: https://www1.folha.uol.com.br/mercado/2022/02/bc-apressa-regulacao-de-criptomoedas-para-conter-fraudes-bilionarias.shtml. Acesso em: 6 maio 2022. Sobre a regulação da matéria no Brasil, segundo informações colhidas na página eletrônica do Senado Federal, de 22 de abril de 2022, "Em votação simbólica, o Plenário do Senado aprovou nesta terça-feira (26) a regulamentação do mercado nacional de criptomoedas. O texto, que volta agora para análise da Câmara dos Deputados, é o substitutivo apresentado pelo relator, o senador Irajá (PSD-TO), ao PL 4.401/2021. A proposta traz diretrizes para a 'prestação de serviços de ativos virtuais' e regulamenta o funcionamento das empresas prestadoras desses serviços". Disponível em: https://www12.senado.leg.br/noticias/materias/2022/04/26/senado-aprova-mercado-de-criptomoedas-com-incentivo-para-energia-renovavel. Acesso em: 6 maio 2022.

da moeda digital corresponderia a uma unidade do dinheiro físico, meio de troca e, também, reserva de valor. Não são criptomoedas, porque seriam emitidas por uma autoridade estatal, seriam moedas fiduciárias em meio digital e com curso legal, meio alternativo de pagamento.

O título de um dos artigos estudados, por si só, confere o tom de prováveis implicações das CBDCs: "Moeda digital do banco central: a batalha pela alma do sistema financeiro". Os autores alertam que "Embora o conflito esteja em grande parte silencioso para a vista do público, estamos no meio de uma batalha épica pela alma do sistema financeiro". Aduzem que a forma como a implantação dessa moeda digital acontecerá poderá "remodelar profundamente o sistema financeiro e torná-lo menos estável" (CECCHETTI e SCHOENHOLTZ, 2021, p. 1).

Esta situação já dá uma noção do quão polêmica é a matéria e dos inúmeros interesses em jogo. Entre os pontos de defesa da implementação da CBDC, estão a melhora nos sistemas de pagamentos internos e internacionais, e a inclusão financeira. Todavia, aqueles que rejeitam a ideia entendem que não é preciso uma CBDC para a superação desses gargalos ou para o aperfeiçoamento das deficiências existentes nos sistemas financeiros, pois os problemas que a moeda digital poderá gerar são em potencial muito maiores que os seus benefícios. (CECCHETTI e SCHOENHOLTZ, 2021, p. 2).

Mas não se pode ignorar que "como a revolução digital implica na necessidade de os países desenvolverem um novo arsenal de ativos estratégicos, essas moedas provavelmente se tornarão um instrumento-chave no tabuleiro de xadrez geopolítico", (ROSA e TENTORI, 2021, p. 1-2). Considerando as grandes diferenças existentes entre a moeda em meio físico, em papel, e a moeda digital, cogita-se que a CBDC possa ser "uma virada de jogo no sistema financeiro internacional", sendo que a China é o país precursor com seu piloto de CBDC, mas outros países, como a Suécia, também estão considerando a possibilidade de emitir uma CBDC (WANG e GAO, 2020, p. 1-2).

O certo é que a economia digital impõe uma série de necessidades de adaptações e criação de instrumentos que acompanhem a evolução tecnológica. É preciso estudar e produzir instrumentos que consigam dar vazão a essa nova realidade. De toda forma, há uma gama de questões que envolvem as CBDCs que ainda estão sendo pesquisadas e amadurecidas pelos bancos centrais das principais economias mundiais, anteriormente às decisões pela sua efetiva implantação.

O *Relatório Econômico Anual do BIS de 2021* traz uma abordagem interessante acerca das CBDCs: "como elas podem contribuir para um sistema monetário aberto, seguro e competitivo que apoia a inovação e a serviço do interesse público". A vinculação da discussão ao interesse público pareceu muito oportuna e deve ser o fim perseguido pelos bancos centrais na condução desse certame. Na mesma linha, o BIS chama a atenção para a importância de aspectos de governança (BIS, 2021).

Cabe apresentar algumas definições das CBDCs. A primeira tem por fonte o BCB, em que moedas digitais dos bancos centrais, "acrônimo para 'Central Bank Digital Currency' ou moeda digital emitida por banco central, em português, CBDC é um suporte digital da moeda soberana de um país, em nosso caso o Real, que atualmente só possui suporte físico (cédulas e moedas)".[18]

Já o Relatório Econômico Anual do BIS 2021, define CBDCs como "uma forma de dinheiro digital, denominado na unidade de conta nacional, que é uma responsabilidade direta de um banco central".

Heng Wang e Simin Gao colacionam definição de CBDC: "é um passivo do banco central, denominado em uma unidade de conta existente, que serve como meio de troca e reserva de valor. A forma digital e o passivo do banco central são características-chave da CBDC" (2020, p. 5).

De acordo com o documento *Artigos BIS nº 114* do Departamento Monetário e Econômico, as CBDCs são classificadas como sendo de varejo ou de atacado. A de varejo é aquela equivalente a dinheiro digital para uso por famílias, empresas, sendo também denominada CBDC de uso geral, ou para o público em geral. A CBDC de atacado, por sua vez,

> É projetada para acesso restrito de instituições financeiras e semelhantes a reservas atuais do banco central e conta de liquidação. É destinada a liquidação de grandes pagamentos interbancários ou para fornecer dinheiro do banco central para liquidar transações de ativos financeiros digitais tokenizados em novas infraestruturas. (BIS, 2021, p. 4).

A CBDC de varejo, ou de propósito ou uso geral, está disponível para pessoas físicas e jurídicas e a de atacado "... são emitidos apenas aos titulares de contas existentes dos bancos centrais e participantes em

---

[18] Disponível em: https://www.bcb.gov.br/detalhenoticia/479/noticia. Acesso em: 22 maio 2021.

sua liquidação bruta em tempo real (LBTR), que geralmente são grandes bancos de 'compensação' e órgãos públicos" (WANG e GAO, 2020, p. 6).

Heng Wang e Simin Gao vinculam ainda outras classificações de CBDCs, como: com base em contas ou valores; uma camada ou duas camadas; centralizadas ou descentralizadas (2020, p. 6-7):

Por último, as CBDCs também podem ser onerosas ou não onerosas, conforme rendam, ou não, juros (WANG e GAO, 2020, p. 7). Esse é um ponto que tem um pouco de divergência do que a teoria econômica determina como moeda, já que a moeda é um ativo que não rende juros.

Apesar da sua função de ser uma reserva de valor, não há vantagem em se acumular moeda, não só por conta de não render juros, mas também pelo fato de ter sua função de reserva famosa. *A teoria geral do emprego, do juro e do dinheiro* deixa claro que a existência de demanda por moeda está diretamente relacionada à preferência por liquidez dos agentes econômicos no que diz respeito à existência de incertezas no mercado.

Os artigos pesquisados destacam que existem diferentes projetos técnicos de CBDC em várias partes do mundo. E isso é bastante compreensível, considerando que a emissão de uma moeda digital envolve aspectos que já são maduros e regulados em relação à moeda física, mas que precisam ser elaborados e, muitas vezes, com nós a serem desatados, em relação à moeda digital – como a questão do marco legal e pontos sobre privacidade e geração de dados. Assim, definir a parte técnica, como por exemplo, se será utilizada uma tecnologia como *blockchain*, é crucial nessa incursão.

Há quem sustente que "CBDC pode ser o próximo marco na evolução do dinheiro" (WANG e GAO, 2020, p. 2). E assim, como sói acontecer com quase tudo na vida, há vantagens e desvantagens, ou problemas e soluções para atuais problemas, que têm sido listados por aqueles que têm se debruçado sobre a temática. Muito embora pelo material compulsado seja correto afirmar que ainda há muitas dúvidas e questões a serem dirimidas, já existem ideias sobre alguns pontos positivos e negativos que enlaçam as CBDCs.

Na esteira das vantagens e soluções para problemas atuais enfrentados pelos sistemas monetários globais, as CBDCs levariam a "novas infraestruturas e arranjos de pagamentos, além da possibilidade de ser utilizado em pagamentos internacionais e conectado a sistemas suplementares (incluindo aplicativos) e serviços de dados" (WANG e GAO, 2020, p. 2-10):

Também garantiria o acesso do público ao passivo de um banco central no caso do uso reduzido do dinheiro, agilizando sistemas de pagamento. Em termos de política monetária, as CBDCs podem melhorar ou manter o efeito da política monetária. Se gerenciada corretamente, a CBDC poderia trazer melhorias, eficiência e inclusão no sistema monetário e na economia, facilitar a transmissão de mudanças na taxa de juros do banco central para a economia, e até mesmo melhorar o PIB dado o aumento da oferta de ativos livres de risco.

Dentre os potenciais benefícios de uma CBDC, o Departamento do Meio Circulante do BCB destaca que:

O primeiro seria a redução do custo de emissão e manutenção do numerário, cédulas e moedas que circulam na economia. O custo estimado do ciclo do dinheiro considerando a emissão, custódia, distribuição, manuseio pelo comércio, recolhimento, descarte e demais custos indiretos é de aproximadamente R$ 90 bilhões por ano, em linha com demais países, tendo em vista que costuma variar entre 1% e 2% do PIB, de acordo com o tamanho e particularidades de cada economia.[19]

Além disso, o BCB também registra que há aspectos de cidadania financeira envolvidos, pois "uma moeda eletrônica pode facilitar a guarda e uso do dinheiro de forma mais segura do que ocorre hoje, além de criar ferramentas de política monetária".[20]

Em relatório para o G20 sobre moedas digitais do banco central para pagamentos transfronteiriços, o BIS faz um balanço da dimensão internacional dos projetos de CBDC e em que medida podem ser utilizados para pagamentos internacionais. Ressalta que a análise não significa que os bancos responsáveis por sua elaboração tenham chegado a uma decisão sobre emissão de CBDC e, dado que "até o momento, nenhuma jurisdição importante lançou um CBDC e muitas decisões de projetos e políticas ainda não estão resolvidos", considerando esse estágio inicial, as avaliações do relatório são exploratórias (G20, 2021).

No referido documento, o BIS destaca que "a maioria dos projetos de CBDC estão voltados para necessidades domésticas, mas que melhorar a eficiência dos pagamentos internacionais é também uma motivação importante para o trabalho da CBDC" (2021).

---

[19] Disponível em: https://www.bcb.gov.br/detalhenoticia/479/noticia. Acesso em: 7 out. 2021.
[20] *Ibidem*.

No artigo *Moeda digital do Banco Central: a busca por tecnologia minimamente invasiva – Documentos de Trabalho do BIS nº 948*, os autores elencam que, dentre as vantagens da CBDC, incluem-se "custos mais baixos para o consumidor do que dinheiro ou pagamentos eletrônicos, possibilidade de adição de novos recursos tecnológicos, permitindo a programação, implementação de política monetária mais eficaz e melhor privacidade. Vale ressaltar que nem todos esses benefícios podem ser alcançados, especialmente não ao mesmo tempo" (AUER e BÖHME, 2021, p. 6).

Na seara das desvantagens ou prováveis problemas vislumbrados com a emissão de CBDC pelos bancos centrais, especialistas apontam diversas questões, inclusive a possibilidade, numa versão mais arrojada da CBDC, de "desencadear mudanças financeiras desestabilizadoras, enfraquecer oferta de crédito e minar a privacidade" (CECCHETTI e SCHOENHOLTZ, 2021, p. 1).

Os autores reconhecem que no sistema financeiro atual, "alguns pagamentos são caros e lentos, e muitas pessoas não têm acesso total ao sistema financeiro, e que os defensores da CBDC o veem como solução para ambos os problemas". Contudo, eles defendem que a CBDC não é necessária para melhorar a eficiência ou expandir o acesso. Registram quatro problemas críticos que uma CBDC 'universal' criaria – desintermediação, substituição de moeda, falta de privacidade e incapacidade de garantir a conformidade (CECCHETTI e SCHOENHOLTZ, 2021, p. 2).

Já em outro artigo, intitulado *A relevância geopolítica das moedas digitais do Banco Central*, Brunello Rosa e Alessandro Tentori alertam que a introdução de CBDC poderá gerar riscos de ataques cibernéticos. Existirá uma enormidade de informações em jogo, um conjunto de dados cuja violação (um ciberataque) poderia representar uma violação da soberania de um Estado, semelhante a uma declaração de guerra da era digital" (ROSA e TENTORI, 2021, p. 3).

No relatório para o G20, o BIS também analisou potenciais problemas que poderão ocorrer com a utilização de CBDC para pagamentos internacionais.

3.2 Um breve panorama do estágio atual das CBDCs

Esta análise concentrará atenção no documento *Os resultados da terceira pesquisa do BIS sobre moeda digital do banco central – Artigos BIS nº 114 – Departamento Monetário e Econômico*, divulgado em janeiro de 2021. De acordo com o BIS, a mencionada pesquisa foi realizada junto a mais de sessenta bancos centrais (sessenta e cinco para ser mais exato), no final de 2020, e buscou desvendar o envolvimento dessas instituições com a CBDC, suas motivações e suas intenções quanto à emissão da moeda digital, além de suas opiniões sobre o uso de criptomoedas e *stablecoins*[21] em seus territórios. Também segundo o BIS, "os entrevistados representam cerca de 72% da população mundial e 91% da produção econômica global. Vinte e um entrevistados estão em economias avançadas (AEs) e 44 estão em mercados emergentes, em economias em desenvolvimento (EMDEs)" (2021).

Com relação ao interesse dos bancos centrais em CBDC, a pesquisa demonstrou que nos últimos quatro anos cresceu cerca de um terço a parcela de bancos centrais ativamente engajados em algum trabalho com CBDC, sendo o de varejo o mais manuseado. Os bancos que não estão envolvidos em nenhum trabalho com tais moedas estão principalmente nas menores jurisdições mundiais. Cerca de 60% dos bancos centrais (eram 42% em 2019) estão fazendo experimentos ou provas de conceito, e 14% estão em estágio de arranjos de desenvolvimento e piloto.

Sobre a motivação para o trabalho com CBDC, questionados a partir de perguntas pré-definidas (como estabilidade financeira, implementação de políticas monetária e inclusão financeira), os EMDEs relataram motivações mais fortes para a emissão de CBDC, sendo a inclusão financeira o principal fator. O relatório cita o caso da CBDC das Bahamas (o *sand dollar* ou "dólar de areia"), instituído como facilitador

---

[21] *Stablecoins* são criptoativos que visam a fornecer um tipo alternativo de moeda virtual, minimizando a volatilidade das criptomoedas tradicionais, um de seus principais gargalos. Como o próprio nome diz, são "moedas estáveis". Na verdade, não são propriamente uma novidade, porque existem já há muitos anos, mas são tidas como uma "evolução" das criptomoedas porque justamente buscam estancar a questão da grande oscilação de preços, e a rapidez com que isso acontece, das moedas virtuais. As *stablecoins* podem ser lastreadas por diferentes ativos reais (como ouro, moeda fiduciária real, como o dólar, petróleo) e para diferentes finalidades.
De acordo com artigo de Leandro Sarai e outros, entre as *stablecoins*, "somente as moedas estáveis algorítmicas são efetivamente descentralizadas. Isso porque, as demais moedas estáveis, como as com colaterização *fiat*, com outras criptomoedas ou com *commodities*, dependem do controle de empresas para determinar suas operações". Segundo os autores, o funcionamento das *stablecoins* se baseia em mecanismos automáticos caracterizados como contratos inteligentes, conhecidos por *smart contracts*, os quais seriam acordos cuja execução é automatizada, normalmente por computadores. (SARAI *et al.*, p. 228-230).

da inclusão financeira num país de 390 mil habitantes, com pessoas espalhadas por 30 ilhas.

Eficiência e segurança de pagamentos são as principais motivações de AEs e EMDEs para emissão de CBDC de uso geral (varejo). CBDC de atacado, cujos projetos são em menor número, têm as motivações relacionadas a pagamentos como as mais importantes. A pesquisa dividiu os bancos centrais em três grupos: "1) os que apenas realizam pesquisas; 2) os que trabalham adicionalmente em provas de conceito e 3) os que estão em estágio muito avançado de desenvolvimento, e sete dos oito bancos centrais em estágios avançados de trabalho com CBDC estão em EMDEs".

Em relação à autoridade para emitir CBDC, ou seja, a base legal para a emissão, cerca de um quarto dos bancos centrais tem ou terá em breve. Cerca de 26% não têm autoridade para emitir CBDC e cerca de 48% permanecem inseguros.

No que tange à emissão de CBDC no futuro, o Relatório explica que "os bancos centrais que representam coletivamente um quinto da população mundial emitirão uma CBDC de propósito geral nos próximos três anos. Além disso, cerca de 21% das jurisdições consideram essa possibilidade", com a seguinte ressalva:

> No geral, cerca de 60% dos bancos ainda consideram improváveis de emitir qualquer tipo de CBDC no futuro previsível (ou seja, a curto e médio prazo). Contudo, essa maioria relutante tornou-se menor ao longo do tempo, principalmente devido à diminuição da proporção de avaliações 'muito improváveis' e um aumento proporcional em jurisdições que julgam uma emissão 'possível', tanto entre AEs como EMDEs. Esse desenvolvimento pode indicar que uma combinação de fatores empurrou mais bancos centrais a imaginar um futuro que pode incluir a CBDC de uma forma ou de outra. Esses fatores podem incluir pesquisa e desenvolvimento contínuo em CBDCs, a acelerada digitalização de pagamentos durante a pandemia Covid-19 e o espectro da *stablecoins*.

A pesquisa concluiu que a maioria dos bancos centrais entrevistados está trabalhando com CBDC de alguma forma, mas que apesar disso, a implantação generalizada de CBDC ainda parece distante. O interesse no tema é global, mas as motivações para sua emissão são mais locais. O BIS registra que:

A coordenação da política internacional sobre CBDCs deve se intensificar nos próximos anos, enquanto os bancos centrais analisam exaustivamente as implicações transfronteiriças e econômicas de emissão de moedas digitais e opções de design técnico e operacional complexidades continuam a apresentar desafios práticos.

Segundo o Relatório do BIS para o G20, "até o momento existem apenas dois CBDCs de varejo (o *sand dollar* nas Bahamas e o DCash no Caribe Oriental), bem como vários projetos avançados" (2021). Em outubro de 2021, a Nigéria lançou a sua CBDC, chamada "eNaira", e em dezembro de 2021, o BIS noticiou que um projeto de CBDC por atacado, o JURA, foi concluído por ele, pelo Bank of France (BdF) e pelo Swiss National Bank (SNB), com sucesso.[22] Nos termos trazidos a público, "O projeto JURA recentemente concluído explorou a liquidação de transações cambiais (FX) em CBDCs de euro e franco suíço, bem como a emissão, transferência e resgate de um papel comercial francês denominado em euro tokenizado entre instituições financeiras francesas e suíças".[23]

Grande parte dos textos que tratam de CBDCs fazem referência à China como país pioneiro na largada pela moeda digital do Banco Central. Segundo Heng Wang e Simin Gao:

> A China é considerada provavelmente a primeira grande economia a emitir uma CBDC. Como um dos primeiros a pesquisar, a China tem realizado pesquisas e desenvolvido experimentos de CBDC desde 2014. Entre os Estados desenvolvidos, a Suécia começou o teste piloto de seu e-Krona em fevereiro de 2020, e 'provavelmente é a mais próxima economia desenvolvida a lançamento real' (2020, p. 9-10).

Nos termos apresentados por Xia Mian, a moeda do Banco Central Chinês, ou Pagamento Eletrônico em Moeda Digital (DCEP), "combina a segurança oferecida por tecnologia *blockchain* e criptografia e a estabilidade suportada pelo Banco Central". O uso do *blockchain* e da criptografia fazem, inclusive, com que o autor considere o DCEP como uma criptomoeda em seu sentido mais técnico. A abordagem

---

[22] Disponível em: https://www.bis.org/about/bisih/topics/cbdc/jura.htm. Acesso em: 13 jan. 2022.
[23] A notícia fez questão de frisar que "O Projeto Jura contribui para o trabalho contínuo do G20 sobre pagamentos transfronteiriços. O experimento é de natureza exploratória e não deve ser interpretado como uma indicação de que o BdF ou o SNB planejam emitir CBDCs por atacado".

seguida, entretanto, o categorizará como moeda digital do banco central (MIAN, 2021, p.1).

Brunello Rosa e Alessandro Tentori conferem um quadro sobre o DCEP chinês, numa perspectiva de geopolítica. É fato que a China lidera a corrida da moeda digital do Banco Central. Assim, no raciocínio dos autores, "a introdução da moeda digital chinesa irá provavelmente representar uma aceleração das tendências existentes", e que é relativamente simples imaginar que a China irá incentivar a adoção de sua moeda digital e oferecer a sua plataforma digital a outros países. Ressaltam que:

> A China está abertamente em campanha para a adoção de seu próprio modelo de governança (uma mistura de estado capitalista, liberdade de empresa e política autoritária), especialmente no Sudeste da Ásia – uma região que tem experimentado a democracia, com ambíguos resultados (GIORDANI, 2021). A este respeito, nós antecipamos que moedas digitais do banco central podem desempenhar um papel fundamental em um amplo portfólio de ativos estratégicos, pronto para ser implantado na arena geopolítica (ROSA e TENTORI, 2021, p. 4).

Numa perspectiva contrária à criação de CBDCs, Stephen Cecchetti e Kim Schoenholtz registram que no contexto dos problemas críticos que a CBDC criaria,

> É fácil ver por que o Banco Popular da China está se movendo à frente de outros bancos centrais na criação de um renminbi digital. Seus grandes bancos são tipicamente estatais, por isso há pouco risco de desintermediação – mesmo em uma crise financeira. Com rigorosos controles de capital em vigor, atualmente existem limites efetivos de entradas na moeda. Já há pouca expectativa de privacidade pessoal. Finalmente, se o governo quiser, os bancos estatais podem facilmente subsidiar o acesso. (CECCHETTI e SCHOENHOLTZ, 2021, p. 3).

Em avaliação onde também externa vantagens e desvantagens das CBDCs, o professor Armando Castelar assevera que, para muitos, a sua implementação significará avanços, enquanto para outros, a transição será difícil:

> Para muitos será um avanço: haverá mais inclusão financeira, as transferências internacionais ficarão mais fáceis, será menos complicado combater atividades ilegais e se acabará com o que alguns entendem ser um privilégio dos bancos comerciais, que lucram emprestando o

dinheiro dos outros, o que só é possível devido à garantia implícita que recebem do governo. De fato, com a moeda digital os bancos só poderão emprestar seu próprio capital, levando ao chamado *"narrow banking"*. Para outros, porém, será não apenas uma transição muito difícil, mas o resultado não será bom: a influência do Estado na economia crescerá, pois ele influirá mais na alocação do crédito, visto que administrará a poupança financeira, e disporá de um volume gigantesco de informações sobre os cidadãos do país, sabendo quando, onde, quanto e em que cada um gasta seu dinheiro. Neste cenário, as criptomoedas digitais não vão perder a atração que têm hoje como alternativa às moedas soberanas. Os governos não podem cair na armadilha de limitar competição no (e do) setor privado.

São dilemas não triviais, especialmente em um contexto em que ficar à espera pode ser contraproducente.

3.3 O Brasil e as CBDCs

No que concerne ao Brasil, em agosto de 2020, foi criado um grupo de trabalho no âmbito do BCB, para estudar as CBDCs e avaliar benefícios e impactos da eventual emissão do Real em formato digital. Entre os objetivos do grupo de trabalho estavam:

> A proposição de modelo de eventual emissão de moeda digital, com identificação de riscos, incluindo a segurança cibernética, a proteção de dados e a aderência normativa e regulatória e a análise de impactos da CBDC sobre a inclusão e a estabilidade financeiras e a condução das políticas monetária e econômica.[24]

Em maio de 2021, em seu *site* oficial, o BCB destacou que

> Tem promovido discussões internas e com seus pares internacionais, visando ao desenvolvimento de uma CBDC que venha a acompanhar o dinamismo da evolução tecnológica da economia brasileira; aumentar a eficiência do sistema de pagamentos de varejo; contribuir para o surgimento de novos modelos de negócio e de outras inovações baseadas nos avanços tecnológicos e favorecer a participação do Brasil nos cenários econômicos regional e global, aumentando a eficiência nas transações transfronteiriças.[25]

---

[24] Disponível em: https://www.bcb.gov.br/detalhenoticia/17166/nota. Acesso em: 6 out. 2021.
[25] Disponível em: https://www.bcb.gov.br/detalhenoticia/17398/nota. Acesso em: 6 out. 2021.

Na mesma ocasião, o BCB, tomando o cuidado de externar que "em avaliação preliminar e consideradas as discussões mantidas no Grupo de Trabalho Interdepartamental (GTI) criado pela Portaria nº 108.092, de 20 de agosto de 2020", apresentou as diretrizes para o potencial desenvolvimento de uma moeda digital brasileira:

- ênfase na possibilidade de desenvolvimento de modelos inovadores a partir de evoluções tecnológicas, como contratos inteligentes (*smart contracts*), Internet das coisas (IoT) e dinheiro programável;
- previsão de uso em pagamentos de varejo;
- capacidade para realizar operações *on-line* e eventualmente operações *off-line*;
- emissão pelo BCB, como uma extensão da moeda física, com a distribuição ao público intermediada por custodiantes do Sistema Financeiro Nacional (SFN) e do Sistema de Pagamentos Brasileiro (SPB);
- ausência de remuneração;
- garantia da segurança jurídica em suas operações;
- aderência a todos os princípios e regras de privacidade e segurança determinados, em especial, pela Lei Complementar nº 105, de 2001 (sigilo bancário), e pela Lei Geral de Proteção de Dados Pessoais;
- desenho tecnológico que permita integral atendimento às recomendações internacionais e normas legais sobre prevenção à lavagem de dinheiro, ao financiamento do terrorismo e ao financiamento da proliferação de armas de destruição em massa, inclusive em cumprimento a ordens judiciais para rastrear operações ilícitas;
- adoção de solução que permita interoperabilidade e integração visando à realização de pagamentos transfronteiriços; e
- adoção de padrões de resiliência e segurança cibernética equivalentes aos aplicáveis a infraestruturas críticas do mercado financeiro.

Também em maio de 2021, outra notícia publicada no *site* do BCB sobre a CBDC chamou a atenção: "o objetivo é desenhar uma moeda digital de emissão do BC, que seja parte do cotidiano das pessoas, sendo empregada por quem usa contas bancárias, contas de pagamentos, cartões ou dinheiro vivo". O foco, portanto, parece ser o de uma CBDC geral, ou de varejo.²⁶

O BCB promoveu, entre os meses de julho a novembro de 2021, consulta pública para discutir o tema, denominada *O Real Digital*, no formato de webinários, composto de sete encontros, com "... o objetivo de debater junto à sociedade as diretrizes gerais de uma moeda digital para o Brasil, publicadas pelo BC em maio deste ano".²⁷

Em novembro de 2021, o presidente do BCB fez um pronunciamento de encerramento dos webinários, destacando ao final, entre outros pontos, que "para que se possa avançar com segurança, é necessário promover testes".²⁸ Na mesma oportunidade, foi apresentado o Lift Challenge – Real Digital. Conforme vertido na página eletrônica do BCB, o Lift Challenge é uma edição especial do LIFT (Laboratório de Inovações Financeiras e Tecnológicas), e é realizado pela Federação Nacional de Associações dos Servidores do Banco Central (Fenasbac), em parceria com o BCB. O desafio reúne integrantes do mercado – participantes do sistema financeiro como bancos, cooperativas e instituições de pagamento; *fintechs* e provedores de soluções de TI.²⁹

Na dicção do BCB, o objetivo da edição "Real Digital" é avaliar casos de uso da CBDC e sua viabilidade tecnológica. Esclarece que será dada preferência para a seleção de projetos sobre quatro categorias de casos de uso em ambiente *on-line*, constantes do Regulamento do Desafio, assim como a projetos que apresentem potenciais soluções de pagamento em que pagador e recebedor estejam *off-line*. Também ressalta que a infraestrutura do caso de uso proposto será avaliada quanto a diversos potenciais listados no § 3º do art. 9º do Regulamento.³⁰

No cronograma apresentado pelo BCB, a previsão é de que até o mês de julho de 2022, ocorra o fim da execução dos projetos relativos ao Real Digital.³¹ A partir dos elementos publicizados, é possível verificar o alinhamento do BCB com a necessidade de levar a efeito discussões sobre a CBDC, conforme vêm fazendo os principais bancos mundiais ao redor do mundo, demonstrando a preocupação do país com tema

---

²⁶ Disponível em: https://www.bcb.gov.br/detalhenoticia/548/noticia. Acesso em: 6 out. 2021.
²⁷ *Ibidem*.
²⁸ Disponível em: https://www.bcb.gov.br/conteudo/home-ptbr/TextosApresentacoes/Apontamentos_RCN_Webinar%20Real%20Digital_30.11.pdf. Acesso em: 12 jan. 2022.
²⁹ Disponível em: https://www.bcb.gov.br/site/liftchallenge. Acesso em: 12 jan. 2022.
³⁰ *Ibidem*.
³¹ *Ibidem*.

que certamente causará impacto nos sistemas monetários globais e, possivelmente, também no brasileiro.

A perspectiva para um futuro próximo, portanto, é de que o Brasil tenha projetos concretos para o seu Real Digital. Resta saber se as diversas preocupações entabuladas pelos especialistas da área serão equacionadas anteriormente à implementação desses projetos, de forma a minimizar os riscos e complicações advindas da adoção da CBDC, e aproveitar ao máximo seus pontos positivos.

4 Conclusões

Os temas das criptomoedas e das CBDCs, assim como da economia digital em geral, estão na ordem do dia. A realidade se transforma rapidamente o e o Direito deve dar respostas convincentes a esses desafios. Dezenas de países estão discutindo esses assuntos e tentando encontrar as molduras mais adequadas para a sua regulação, inclusive a OECD está se movimentando nesse sentido relativamente às criptomoedas, o que também pode ser enxergado em relação ao G20 e aos bancos centrais, no âmbito das CBDCs. Há pontos que aludem a problemas das criptomoedas na área criminal, patrimonial, ambiental e tributária que precisam ser tratados. No que respeita às CBDCs, os muitos desafios a serem encarados não são menores.

Transações com criptomoedas não são reguladas no Brasil, como ressalta o BCB, mas também não são ilegais. Isso mostra que um disciplinamento maior da matéria poderá contribuir para conferir segurança jurídica ao menos em duas frentes – na prevenção e repressão de atividades criminosas e na tributação.

Num ambiente ideal, almeja-se uma norma de teor comum aos países, mas se isso não acontecer em um futuro muito breve, ou se um consenso não for possível, o Brasil deve buscar soluções legislativas sobre o tema. Não que a solução encontrada pela RFB, por intermédio da IN nº 1.888, de 2019, seja ruim. Ao contrário. Mas o fato é que ela é insuficiente. São necessárias normatizações mais amplas, que envolvam outras hipóteses de incidência tributária presentes no processo de existência das criptomoedas. A questão dos mineradores é uma delas.

Os números de transações com criptomoedas indicam que há vultosa geração e circulação de riquezas, levando ao raciocínio de que o assunto precisa ser amadurecido e trabalhado do ponto de vista tributário, não apenas em função dos valores a serem arrecadados, com um melhor delineamento dos fatos geradores de tributos, mas também da segurança jurídica que um marco legal como esse poderá trazer a todos os lados envolvidos, sobretudo investidores e autoridades governamentais.

Ademais, os desafios atuais das economias modernas requerem cada vez mais imaginação institucional para identificar prováveis fontes de receitas.

A regulação das atividades com criptomoedas pode ser uma dessas fontes alternativas. Isso, claro, se houver no futuro energia suficiente (e limpa!) para a continuidade da mineração e formas de se impedir as atividades criminosas com criptomoedas.

No tocante às CBDCs, a impressão é que há uma vastidão de pontos que ainda precisam ser pesquisados, elaborados e testados, anteriormente a que se possa falar em CBDCs espraiadas, ou, dito de outra forma, antes que seja possível vislumbrar a adoção da moeda digital do banco central por mais países. Porém, não há como negar que o tema está na agenda das jurisdições e os principais bancos centrais do mundo estão debatendo a questão. É uma corrida. Elementos como *design*, tecnologia a ser adotada, impactos nos sistemas monetários, soberania, são todos objetos da pauta das CBDCs que os países estão explorando.

Desafios como a questão da privacidade das pessoas de um lado e o combate a práticas criminosas de outro, além da segurança cibernética, certamente deverão ser enfrentados, porque fazem parte desse emaranhado de pontos sensíveis que envolvem as CBDCs.

Conforta saber que o Brasil não se queda inerte e que também está inserido na discussão em torno da CBDC, inclusive com a participação da sociedade, como se constata da consulta pública via os webinários, realizados em 2021 pelo BCB, e do Desafio do Real Digital, em andamento. Na direção consignada pelo BIS, cabe lembrar novamente a importância de que o valor máximo a ser perseguido com a eventual implantação de uma CBDC deve ser sempre para o interesse público.

Existem muitas outras questões ou desafios que sequer foram enfrentados de maneira mais sistemática. É o caso da gestão da dívida pública, por exemplo, diante do avanço de moedas digitais e mesmo uma maior presença dos bancos ditos digitais com menor participação dos bancos tradicionais e que concentram a negociação da dívida.

A própria operação da política monetária recorrendo a operações compromissadas de forma volumosa no Brasil pode vir a sofrer constrangimentos à medida que se opte por entesourar em moeda digital no lugar de deixar liquidez em títulos públicos, ainda que comprados do Banco Central. Essa questão, assim como várias outras dúvidas em torno dos efeitos, diretos ou colaterais, da presença das moedas digitais e de transações também expressas em outras formas que não as clássicas, da moeda escritural, ainda nem começaram a ser mapeadas e menos ainda enfrentadas.

Referências

ARAMONTE, Sirio, HUANG, Wenqian; SCHRIMPF, Andreas. Riscos de DeFi e a ilusão de descentralização. Revisão Trimestral do BIS, dezembro de 2021. Disponível em: https://www.bis.org/publ/qtrpdf/r_qt2112b.htm. Acesso em: 2 fev. 2022.

AUER, Raphael; BÖHME, Rainer. Central bank digital currency: the quest for minimally invasive technology. *BIS Working Papers n. 948*, 2021. Disponível em: https://www.bis.org/publ/work948.pdf. Acesso em: 2 fev. 2022.

Bank for International Settlements. Central bank digital currencies for cross-border payments July 2021 Report to the G20. Julho de 2021. Disponível em: https://www.bis.org/publ/othp38.pdf. Acesso em: 3 fev. 2022.

Bank for International Settlements. Annual Economic Report. 2021. Disponível em: https://www.bis.org/publ/arpdf/ar2021e.htm. Acesso em: 3 fev. 2022.

BOAR, Codruta; WEHRLI, Andreas. *Ready, steady, go?* – Results of the third BIS survey on central bank digital currency. BIS Papers n. 114, 2021. Disponível em: https://www.bis.org/publ/bppdf/bispap114.pdf. Acesso em: 3 fev. 2022.

BRASIL. Banco Central do Brasil. Comunicado nº 25.306, de 19 de fevereiro de 2014. Disponível em: https://www.bcb.gov.br/estabilidadefinanceira/exibenormativo?tipo=Comunicado&numero=25306. Acesso em: 6 maio 2022.

BRASIL. Banco Central do Brasil. Comunicado nº 31.379, de 16 de novembro de 2017. Disponível em: https://www.bcb.gov.br/estabilidadefinanceira/exibenormativo?tipo=Comunicado&numero=31379. Acesso em: 6 maio 2022.

Receita Federal do Brasil. Instrução Normativa RFB nº 1888, de 3 de maio de 2019. Institui e disciplina a obrigatoriedade de prestação de informações relativas às operações realizadas com criptoativos à Secretaria Especial da Receita Federal do Brasil (RFB). Disponível em: http://normas.receita.fazenda.gov.br/sijut2consulta/link.action?visao=anotado&idAto=100592. Acesso em: 6 maio 2022.

Receita Federal do Brasil. Solução de Consulta nº 214 – Cosit. Dezembro de 2021. Disponível em: http://normas.receita.fazenda.gov.br/sijut2consulta/link.action?naoPublicado=&idAto=122341&visao=original. Acesso em: 6 maio 2022.

CASTELAR, Armando. Moedas digitais: nada triviais – Criptomoedas digitais não vão perder a atração que têm hoje como alternativa às moedas soberanas. Disponível em: https://www.ie.ufrj.br/images/IE/IEnaMidia/2021/09/Valor%20Econ%C3%B4mico,%20 22-9,%20Armando%20Castelar.pdf. Acesso em: 6 maio 2022.

CASTELLO, Melissa Guimarães. *Bitcoin* é moeda? Classificação das criptomoedas para o direito tributário. Revista Direito GV, v. 15, n. 3, 2019, e1931. Disponível em: https://bibliotecadigital.fgv.br/ojs/index.php/revdireitogv/article/view/80709/77050. Acesso em: 6 maio 2022.

CASTELO, Melissa Guimarães. *Os criptoativos, enfim, são moedas?* 2019. Disponível em: https://www.jota.info/opiniao-e-analise/artigos/os-criptoativos-enfim-sao-moedas-02072019. Acesso em: 21 dez. 2023.

CECCHETTI, Stephen; SCHOENHOLTZ, Kim. *Central bank digital currency*: The battle for the soul of the financial system. 2021. Disponível em: https://voxeu.org/article/central-bank-digital-currency-battle-soul-financial-system. Acesso em: 2 fev. 2022.

COLLOSA, Alfredo. O que as administrações fiscais podem fazer em face do *boom* da criptomoeda? *Centro Interamericano de Administrações Tributárias.* 2021. Disponível em: https://www.ciat.org/ciatblog-what-can-tax-administrations-do-in-the-face-of-the-cryptocurrency-boom/?lang=en. Acesso em: 3 fev. 2022.

GIRARD, Lucas. Impactos ambientais da mineração de criptomoedas. Centro de Estudos Sociedade e Tecnologia. Boletim v. 3, n. 6, 2018. Disponível em: http://www.cest.poli.usp.br/wp-content/uploads/2018/08/V3N6-Impactos-Ambientais-da-Minera%C3%A7%C3%A3o-de-Criptomoedas.pdf. Acesso em: 4 fev. 2022.

KEYNES, J. M. *The general theory of employment, interest and money.* London, Macmillan, 1936.

MEIRA, Liziane A.; DALL'ORA, Fillipe S.; SANTANA, Hasdassah L. S. Tributação de novas tecnologias: o caso das criptomoedas. *In*: AFONSO, José R.; SANTANA, Hadassah L. (coord.). *Tributação 4.0.* São Paulo: Almedina, 2020.

MIAN, Xia. *In search of the perfect coin*: China's approach towards cryptocurrency and its own Central Bank digital currency. 2021. Disponível em: https://www.bis.org/events/cpmi_ptfop/proceedings/paper12.pdf. Acesso em: 2 fev. 2022.

OECD (2020), *Taxing virtual currencies*: an overview of tax treatments and emerging tax policy issues, OECD Paris. Disponível em: https://www.oecd.org/tax/tax-policy/taxing-virtual-currencies-an-overview-of-tax-treatments-and-emerging-tax-policy-issues.htm. Acesso em: 2 fev. 2022.

ROSA, Brunello; TENTORI, Alessandro. The geopolitical relevance of central bank digital currencies. 2021. Disponível em: https://voxeu.org/article/geopolitical-relevance-central-bank-digital-currencies. Acesso em: 2 fev. 2022.

PISCITELLI, Tathiane. Criptomoedas e os Possíveis Encaminhamentos Tributários à Luz da Legislação Nacional. Revista Direito Tributário Atual – RDT Atual n. 40, p. 572-590, 2018. Disponível em: https://ibdt.org.br/RDTA/wp-content/uploads/2018/11/Tathiane-Piscitelli.pdf. Acesso em: 6 maio 2022.

SARAI, Leandro; IWAKURA, Cristiane Rodrigues; GUEIROS, Pedro. Regulação, responsabilidade e *stablecoins*. *Revista da Advocacia Pública Federal*. V. 5, n. 1, 2021. Disponível em: https://seer.anafenacional.org.br/index.php/revista/article/view/148. Acesso em: 3 fev. 2022.

STELLA. Júlio Cesar. Moedas virtuais no Brasil: como enquadrar as criptomoedas. Revista da PGBC, v. 11, n. 2, 2017 Artigos. Disponível em: https://revistapgbc.bcb.gov.br. Acesso em: 3 fev. 2022.

UHDRE, Dayana de Carvalho. Breves notas sobre o PL nº 4207/20. Consultor Jurídico. Opinião. 2020. Disponível em: https://www.conjur.com.br/2020-ago-24/dayana-uhdre-breves-notas-pl-420720. Acesso em: 6 maio 2022.

WANG, Heng; GAO, Simin. *International dimension of CBDC*: A network analysis. Disponível em: https://www.bis.org/events/cpmi_ptfop/proceedings/paper10.pdf. Acesso em: 3 fev. 2022.

YERMACK, D. Is *bitcoin* a real currency? An economic appraisal. Handbook of Digital Currency, p. 31-43, 2015. DOI: 10.1016/b978-0-12-802117-0.00002-3.

Informação bibliográfica deste texto, conforme a NBR 6023:2018 da Associação Brasileira de Normas Técnicas (ABNT):

NÓBREGA, Marcos; AFONSO, Jose Roberto; CASTILHOS, Nubia. Criptomoedas e moedas digitais dos bancos centrais: desafios e perspectivas da tributação no Brasil. *In*: NÓBREGA, Marcos (coord.). *Transformação digital e administração pública*: "o futuro não é mais como era antigamente". Belo Horizonte: Fórum, 2024. p. 101-134. ISBN 978-65-5518-649-9.

TRIBUTAÇÃO NA ECONOMIA DIGITAL NO BRASIL E O CONFLITO DE COMPETÊNCIA 4.0: PERSPECTIVAS E DESAFIOS

LUIZ GUILHERME DE MEDEIROS FERREIRA
MARCOS NÓBREGA

1 Introdução

Para onde vai a tributação? Quais as principais diretivas para a tributação de empresas em uma economia em constante mutação e submetida a transformações digitais (e em modelos de negócios) de grandes proporções? Esses são temas instigantes que desafiam governos, juristas, operadores do Direito e empresas em várias partes do mundo.

É necessário saber, no entanto, por quais transformações os clientes estão passando e quais os desafios da advocacia tributária, sobremodo se pensarmos que esse profissional presta serviço às empresas. É necessário entender como a empresa está se transformando e como o Direito irá se posicionar diante de uma economia multiplataforma (*two-sided platform*) a exemplo de Netflix, Uber ou Airbnb. Em todas essas inovações tecnológicas e empresariais, temos brutais tensões jurídicas que precisam ser entendidas. Mas isso somente será possível se compreendermos os desafios emergentes das empresas, caso contrário regularemos de maneira equivocada e tributaremos de maneira inócua.

No modelo de empresa analisado por Coase,[1] o tamanho da firma vai depender do custo de transação que ela tem de ir ao mercado e se esse custo for elevado, faz mais sentido realizar suas ações internamente.

Com a tecnologia, os custos de transação diminuem, de tal maneira que é muito provável que o tamanho da empresa também se reduza. Assim, se o sistema tributário foi formatado para tributar uma empresa cujo modelo de negócios não existe mais, o que se tributará agora?

Muito se tem falado sobre a pertinência e necessidade de uma reforma tributária constitucional, que unifique a tributação sobre o consumo em um único tributo sobre o valor agregado, de forma similar ao que ocorre nos países pertencentes à OCDE, na forma do IVA (Imposto sobre Valor Agregado). Entre as propostas mais conhecidas está a do Centro de Cidadania Fiscal – CCIF, encampada na PEC 45, com aprovação recente pela Comissão de Constituição e Justiça da Câmara dos Deputados.

Tal debate ganhou força nos últimos tempos com o advento de novos negócios decorrentes da chamada Economia Digital, ou como preferem alguns, digitalização da economia. Com estes novos negócios, os desafios jurídicos e fiscais se intensificaram, aumentando o debate sobre eventual reforma tributária.

O objetivo deste artigo é demonstrar a inadequação do nosso sistema tributário atual e a necessidade de um sistema mais moderno, que abandone a rigidez determinada pela legalidade estrita e a definição de competências por materialidades, para um sistema focado no valor agregado de cada negócio, com créditos financeiros irrestritos, alíquota única e tributação no destino.

2 Materialidades constitucionais: comércio, serviços e indústria

A Constituição de 1988 trouxe uma repartição de competências constitucionais tributárias como uma das formas de atribuir autonomia aos entes federados, garantindo-lhes receita própria. Assim, do ponto de vista de tributação do consumo, ficaram instituídos o ISS de

---

[1] COASE, Ronald. *The nature of firm*, 1937. Disponível em: https://onlinelibrary.wiley.com/doi/full/10.1111/j.1468-0335.1937.tb00002.x. Acesso em: 21 dez. 2023.

competência municipal, o ICMS dos estados e o IPI da União. Além desses, foram instituídos o PIS e a Cofins, exações que incidem sobre o faturamento e, portanto, sobre o consumo, também de competência da União.

Já à época da Constituinte de 1988, havia sérias críticas da doutrina especializada a respeito dessa repartição, antevendo-se conflitos de competência entre os entes federados.

A realidade demonstrou, já nos primeiros anos da Constituição, uma dificuldade em se enquadrar a economia, dinâmica por natureza, nas três categorias constitucionais. Exemplos disso são as controvérsias sobre a tributação das gráficas (serviços x mercadoria), locação de bens móveis (serviços x não incidência); franquia (contrato complexo), *leasing* (serviços x obrigação de dar), industrialização sob encomenda (ISS x ICMS x IPI), *outdoors* – veiculação de mídia exterior (ISS x ICMS comunicação), gravação e distribuição de filmes.[2]

Diga-se, no entanto, que essas controvérsias se estabeleceram ainda em uma época de economia predominantemente tangível, na qual se identificavam de forma muito mais clara as diferenciações entre os referidos conceitos.

Com o surgimento da Internet, os conflitos de competência se acentuaram ainda mais. Inicialmente, houve o conflito de competência sobre os provedores de Internet (ISS x ICMS comunicação), posteriormente veio a segunda edição de conflitos de competência sobre serviços de anúncios, mas dessa vez na modalidade digital, reacendendo a discussão entre ISS x ICMS na comunicação.

Com relação ao SW, a discussão sobre a incidência de ISS ou ICMS sobre o SW de prateleira ganhou novas cores com o SW via *download*, que antes mesmo de ser definido pela jurisprudência já ganhou um novo capítulo na sua versão em nuvem.

Atualmente, discute-se também a competência para tributar serviços de *streaming* e demais serviços *on-line* e aplicativos.

Um dos exemplos mais emblemáticos do absurdo a que chegamos é a comparação entre serviços prestados dentro de pacotes de "TV a cabo" com serviços de *streaming*. Veja que o mesmo filme ou série, se adquirido, por exemplo, da Netflix, teria natureza jurídica de

---

[2] CARPINETI, Ana Carolina *et al*. O ISS sobre a produção, gravação e distribuição de filmes. JOTA. Disponível no endereço eletrônico: https://www.jota.info/opiniao-e-analise/artigos/o-iss-sobre-a-producao-gravacao-e-distribuicao-de-filmes-31012019. Acesso em: 21/05/2019.

serviço de *streaming*, sujeito ao ISS, enquanto que se adquirido pelo Globo Play, ou Net Now, por exemplo, possuiria natureza de serviço de telecomunicação, sujeito ao ICMS.

Muito pertinente a contribuição de Fernando Rezende sobre o esgotamento do atual sistema constitucional tributário no que se refere às competências constitucionais:[3]

> "No admirável mundo novo dos negócios, que se forma com o avanço da economia digital, são grandes os desafios que precisam ser enfrentados para que o regime tributário se ajuste a uma realidade distinta daquela que dominou a economia do século XX.
>
> Nesse novo mundo, os negócios passam por uma profunda transformação que altera os modos e os meios utilizados na produção, circulação e uso de tudo aquilo que a atividade econômica gera e disponibiliza para atender as necessidades dos países e de suas populações. Nele, as tradicionais fronteiras que serviram de referência para classificar as atividades econômicas em quatro grandes grupos – agricultura, indústria, comércio e serviços – tornam-se cada vez menos nítidas, cedendo espaço a uma nova realidade em que as empresas modernas exibem novas feições que resultam da combinação de duas ou mais características que davam identidade distinta a cada grupo, a exemplo do que ocorre com as que atuam nos segmentos da alta tecnologia, com a Amazon.
>
> No Brasil, essa nova realidade entra em choque com a preservação no texto constitucional de 1988 de bases tributárias distintas para a tributação de mercadorias e serviços. Naquele momento, as propostas elaboradas para subsidiar o trabalho do constituinte, que já defendiam a extinção dessa dicotomia não foram acatadas, prorrogando uma situação que naquele momento já não se justificava e que agora se torna impossível de manter, gerando conflitos que não podem ser solucionados por meio do recurso ao judiciário, somente por meio de uma reforma constitucional.
> (...)
> A velocidade do avanço tecnológico não condiz com a tentativa de transferir aos tribunais a responsabilidade por dirimir conflitos que decorrem da diluição das fronteiras utilizadas na classificação das atividades econômicas em campos que anteriormente eram bem demarcados. Na nova economia digital, não é possível deixar nas mãos do Judiciário a tarefa de arbitrar o conflito. Cabe ao Poder Executivo a

---

[3] REZENDE, Fernando. Tributação de bens digitais: a disputa tributária entre estados e municípios. *In: Tributação dos bens digitais*: a disputa tributária entre estados e municípios. Notas sobre o Convênio ICMS 106/2017 e outras normas relevantes. Série Soluções n. 2, Editora Inhouse. FGV Direito SP, p. 12.

responsabilidade por liderar um projeto de reforma tributária que corrija um problema que deveria ter sido solucionado em 1988".

Conjuntamente com a repartição de competências, estabeleceu-se a concepção de legalidade estrita em matéria tributária, sendo ambas complementares. Ou seja, a correta aplicação da repartição constitucional tem por pressuposto a observação estrita da lei, tributando-se apenas o que estiver legalmente previsto de forma taxativa e atribuído expressamente à competência de cada ente.

3 A digitalização da economia e a fluidificação dos conceitos. Da natureza intrínseca à funcionalidade extrínseca do objeto contratado

Os últimos anos demonstraram um aumento vertiginoso de ofertas digitais, atualmente observáveis em praticamente qualquer segmento econômico. Importante notar que a digitalização não é restrita às empresas da chamada economia digital. Ao contrário, a digitalização está para muito além de Facebook e Google e demais empresas que já nasceram digitais.

Setores tradicionais já são altamente digitalizados. O setor bancário, com as fintechs, o agrobusiness, muito intensivo em IOT, o setor automotivo, com seus carros autônomos, a educação com suas plataformas *on-line* e até a indústria de base com suas linhas de fábrica inteligentes. A verdade é que a transformação digital é hoje uma prioridade na maioria das empresas e provavelmente será um dos mais importantes fatores de competitividade para sua sobrevivência.

A digitalização da economia traz uma fluidez muito maior aos conceitos de serviço, comércio e indústria, atribuindo às ofertas uma ideia de funcionalidade extrínseca em detrimento de uma natureza intrínseca ao objeto contratado. Além disso, outras categorias não previstas expressamente na Constituição ganham relevância, principalmente no que se refere à exploração de direitos, como direitos autorais, *royalties* e licenciamentos.

Por funcionalidade extrínseca circunstancial do objeto, queremos nos referir à sua mutabilidade em razão da função desempenhada em determinado modelo de negócios.

Enquanto na economia tradicional as ofertas, ou o objeto contratado, geralmente possuíam uma natureza intrínseca, que as acompanhava qualquer que fosse o tipo de negócio, nas novas ofertas, aos objetos contratados serão atribuídas diferentes características, a depender das funções que exerçam naquele negócio específico, diluindo-se na prática negocial a possibilidade de "descobrir" sua natureza intrínseca e imutável. Ou seja, estamos passando pela migração da preponderância da ideia de natureza intrínseca permanente para a ideia de funcionalidade extrínseca circunstancial, ou temporária, do objeto contratado.

Vários são os exemplos dessa importante mudança de paradigma.

Em ofertas de *software*, por exemplo, por vezes pode preponderar sua funcionalidade como finalidade contratual específica, ou servirem como meio para prestação de outros serviços.

Ou seja, o mesmo objeto com a mesma finalidade, a depender do modelo de negócios em que esteja inserido, pode revestir-se de diferentes características, impossibilitando seu enquadramento apriorístico, a partir da identificação de sua natureza.

Muito ilustrativa é a situação dos aplicativos de transporte que é fonte de recente controvérsia no município de São Paulo. Teriam essas atividades necessariamente a natureza de intermediação de negócios, ou poderiam possuir características de puro licenciamento de SW a depender do modelo de contratação?

Considere que determinado aplicativo cobre simplesmente um valor fixo mensal de cada motorista para utilização de sua plataforma, licenciando a este o uso do correspondente SW. Outro concorrente seu pode apostar em outra forma de precificação, preferindo uma cobrança direta do usuário final (passageiro) de acordo com o valor da corrida, remunerando o motorista por um percentual de sua receita.

Nesses dois exemplos, temos a utilidade (transporte) e as mesmas partes envolvidas (aplicativo, motorista, passageiro). Porém, a simples alteração da precificação da oferta já é suficiente para cambiar as características do negócio, preponderando no primeiro o simples licenciamento e no segundo o efetivo serviço de intermediação.

Ou seja, a "natureza jurídica intrínseca" ao objeto contratado cede espaço à sua funcionalidade extrínseca (pois depende da função exercida no modelo de negócios e não de si mesma).

Essa diferença, no município de São Paulo por exemplo, gera uma variação de alíquota de 2,9% (licenciamento) para 5% (intermediação), ou seja, inevitável fonte de mais controvérsia e contencioso. Não é admissível que um sistema tributário racional atribua uma diferente tributação para duas atividades iguais, que tenham como única diferença sua forma de precificação ou modelagem negocial.

Essa grave distorção também é facilmente constatada na confrontação entre serviços de *streaming* e o conteúdo de prestadores de serviço de TV a cabo. O mesmo filme, se assistido via Netflix, possuirá natureza de serviço de *streaming*, porém se via Globo Play ou Net Now, será considerado serviço de telecom.

Aí surge a pergunta, qual seria a natureza intrínseca para a disponibilização ou oferta de filmes? Nenhuma. Haverá sim, uma função extrínseca exercida a partir do modelo de negócios em que estiver inserida. Veja o tamanho da distorção gerada neste caso, pois tem-se de um lado a cobrança de ISS a 2,9% e de outro o ICMS comunicação de 10% a 25%.

Essa discrepância, além de controvérsias fiscais, gera externalidades negativas que afetam a competitividade. Ou seja, ofertas similares poderão obter vantagem competitiva não por sua eficiência e qualidade, mas por uma distorção do sistema tributário.

O mesmo fenômeno se verifica nas ofertas de IOT. Qual a natureza jurídica de IOT? Essa é mais uma pergunta sem resposta apriorística.[4] Possíveis são os enquadramentos de ofertas de IOT tanto como mercadorias, serviços de telecom ou ainda como serviços sujeitos ao ISS, a depender do tipo de negócio em que estiver inserido.

Veja-se a respeito o interessante exemplo oferecido por Luís Eduardo Schoueri[5] e Guilherme Galdino:

> "Sob a perspectiva do Direito Tributário brasileiro, tomando-se como base os exemplos da Chamada de Emergência Inteligente e das roupas inteligentes, surge a dificuldade de se encaixarem transações em torno de objetos inteligentes como meras mercadorias, prestações de serviços ou prestações de serviços de comunicação.
> (...)
> A depender do objeto ou das funções por ele exercidas, todavia, a resposta acima pode não ser tão óbvia. Pelo fato de objetos inteligentes

---

[4] O Decreto nº 9.854/2019 em seu artigo 2 conceitua IOT como "a infraestrutura que integra a prestação de serviços de valor adicionado com capacidades de conexão física ou virtual de coisas com dispositivos baseados em tecnologias da informação e comunicação existentes e nas suas evoluções, com interoperabilidade".

[5] SCHOUERI, Luís Eduardo; GALDINO, Guilherme. Internet das coisas à luz do ICMS e do ISS: entre mercadoria, prestação de serviço de comunicação e serviço de valor adicionado. *In*: FARIA, Renato *et al*. *Tributação da economia digital* – desafios no Brasil, experiência internacional e novas perspectivas. São Paulo: Saraiva, 2018, p. 253.

não só transmitirem dados, mas também verem as informações captadas ou recebidas tratadas por outras máquinas, potencializando as suas funções específicas ou tomando para si outras atribuições, pode ser que a empresa vendedora também esteja prestando um serviço.

Desse modo, surge o problema de verificar se há uma ou mais obrigações. Como em uma relação contratual pode haver mais de uma obrigação, divisíveis, ainda que com uma única contraprestação (dinheiro), é possível constatar dois fatos geradores distintos. Caso se chegue a essa conclusão, aparece o entrave em se alocar o valor pago para cada obrigação.

(...)

Desse modo fica claro que a divisão efetuada pelo legislador complementar foi no sentido de atribuir para cada obrigação a regra do tudo ou nada. Ou bem estamos diante de um fornecimento de uma mercadoria com prestação de serviços ou de prestação de serviços de transporte interestadual ou intermunicipal ou de comunicação, sujeito ao ICMS, ou de uma prestação de serviço de qualquer natureza (ainda que envolvendo um produto), sujeita ao ISS. Assim, cabe ao aplicador do direito verificar no caso concreto e definir em qual campo de incidência ela se encontra, se no ICMS ou se no ISS.

O raciocínio cartesiano acima proposto enfrenta obstáculo, entretanto, quando se encontram relações jurídicas complexas, envolvendo mais de um contrato, posto que coligados".

A digitalização da economia traz um forte ingrediente de complexidade ao enquadramento da realidade negocial aos conceitos constitucionais e assim uma grande potencialização de conflitos de competência, tornando um cenário que já era caótico ainda pior. Isso porque a digitalização da economia diminui ainda mais as fronteiras entre serviços, mercadorias e indústria, aumentando significativamente a insegurança jurídica na tributação sobre o consumo dentro do modelo vigente.

4 A digitalização da economia. O *bug* no processo interpretativo

4.1 A aplicação da norma

A prática jurídica em geral, e com muito relevo a prática tributária, possui como essência – ou núcleo – a atividade de aplicação da norma ao caso concreto, seja por parte de autoridades fiscais, ou dos contribuintes. Assim, a subsunção, ou lançamento, é a atividade que constitui o crédito tributário pela aplicação da norma abstrata ao fato concreto. Para isso, é necessário identificar, dentro da hipótese prevista na norma, qual fato nela se enquadra, formalizando-se tal enquadramento de acordo com a linguagem própria exigida pela legislação.

Essa linguagem consiste em diferentes suportes físicos que, de acordo com a teoria das provas, poderão determinar tal subsunção dentro do processo de positivação do Direito.

4.2 Aplicação do fato digital à norma analógica. A complexidade de aferição do fato digital

A digitalização da economia em grande medida significa também a intangibilização das novas ofertas. Ou seja, o que se passa a transacionar torna-se muito mais abstrato e difícil de ser compreendido e apreendido, por carência do importante aspecto físico.

Um exemplo clássico dessa dificuldade de apreensão são as ofertas em nuvem.

O que antes era uma atividade de processamento de dados, executada a partir de um servidor físico, vendido como mercadoria e contabilizado no ativo físico das empresas, com o tempo passou a integrar contratos de *outsourcing* de infraestrutura, que mesmo que em formato de contrato de serviços, ainda podiam ser identificados com um servidor fisicamente individualizado.

A oferta de IAAS (Infraestrutura como Serviço em Nuvem) tornou completamente intangível a atividade de armazenamento e processamento de dados, sendo frequentes perguntas como: O que é nuvem? Onde ela fica? Chegando até a ser objeto de questionamento da ex-Presidente da República, ao indagar: "Como é que uma coisa pode estar na nuvem"?[6] Repletos, portanto, são os exemplos da dificuldade de se compreender algo que não se pode ver e tocar.

Essa dificuldade ganha ainda mais realce na prática tributária. Dentre os suportes físicos mais comuns para a identificação do fato gerador estão a análise da natureza jurídica de determinada oferta, frequentemente apreendida a partir de seu contrato e de sua exteriorização no mundo físico. Logo, a verificação do fato jurídico tributário ao longo dos anos esteve fundamentalmente calcada em uma análise contratual e sua compatibilidade com sua exteriorização no mundo real.

---

[6] https://www1.folha.uol.com.br/paywall/signup.shtml?https://www1.folha.uol.com.br/colunas/ruycastro/2016/07/1791119-dilma-na-nuvem.shtml

Quando se estabelece um contrato de venda de x toneladas de soja, o objeto do contrato pode ser confrontado com o produto estocado e contabilizado no ativo circulante. O mesmo serve para outras mercadorias e até para serviços que tem por resultado final "entregáveis", tangíveis. Contratos de serviços médicos podem ser confrontados com cirurgias efetivamente realizadas, prescrições médicas em formatos de receitas, serviços de contabilidade e advocatícios são verificáveis em balanços, processos judiciais, pareceres etc. O mesmo para serviços de construção civil, publicidade clássica materializada em campanhas etc.

Com a digitalização da economia, esse binômio clássico de aferição do fato jurídico tributário perde um de seus pilares fundamentais, que é a tangibilidade de sua exteriorização no mundo físico, implicando o enfraquecimento do substrato de linguagem encontrada no mundo material, dificultando muito a atividade de subsunção do fato à norma, de acordo com a teoria das provas.

Por outro lado, não havendo substrato no mundo material, ganham relevo as disposições contratuais e registros contábeis, praticamente como fontes únicas de informação sobre o fato jurídico. Nota-se aí um aumento de complexidade na atividade de subsunção pela dificuldade de caracterização do fato, diante de sua intangibilidade.

4.3 Aplicação da norma analógica ao fato digital. Tipicidade cerrada. Incompatibilidade e artificialismo interpretativo

O sistema tributário brasileiro vigente é calcado no postulado da legalidade estrita, ou tipicidade cerrada como preferem alguns, e na definição de competências a partir de materialidades. Referido sistema pressupõe, no campo da definição de competências tributárias constitucionais, fronteiras claras entre indústria, comércio e serviços e, especificamente quanto aos serviços, uma taxatividade normativa.

O que se observa na economia digital é um distanciamento muito grande entre as hipóteses normativas e a prática negocial. Perderam relação de pertinência com a realidade negocial da economia digital as disposições dos artigos 153, 155 e 156 da Constituição Federal, visto que a nova economia não possui fronteiras claras entre indústria, serviços e mercadorias.

Grande exemplo disso é a impressora 3D, que poderia se enquadrar em qualquer dos itens acima, visto que: (i) pode ser um serviço de reprografia conforme capítulo 13 da lista anexa à Lei Complementar nº 116/03; (ii) atende ao conceito de industrialização (artigo 3 do Decreto nº 7.212/10) e solução de consulta RFB número 97, (iii) pode ser usada para impressão e venda de mercadorias em larga escala a partir de uma matriz padrão.

Outro ponto fora do enquadramento constitucional original é a cessão de direitos, não prevista expressamente em nenhum dos artigos referidos e que não se qualifica, *a priori*, como mercadoria, indústria ou serviços.

Nesse sentido não é de se espantar a polêmica sobre a tributação de cessão de direitos de uso de SW, que no formato SAAS, possui posicionamento dos três entes da federação, cada qual atribuindo-lhe natureza jurídica diversa.[7]

As disposições contidas na Lei Complementar nº 116/03 (ou na LC nº 87/96 ou ainda na Lei nº 10.833/03) também já não refletem mais os negócios jurídicos efetivamente contratados. O que se observa na prática é que em vez do fornecimento de serviços, mercadorias ou industrialização, vendem-se soluções integradas com diferentes funcionalidades, que não se confundem com um contrato com diversas naturezas jurídicas distintas.

E, ainda que se pudessem enquadrar como tal, as naturezas jurídicas estabelecidas contratualmente não se conformam com as hipóteses dispostas na legislação. Tal fato gera um artificialismo na "busca pela natureza jurídica", que na verdade acaba por tornar-se uma atribuição de natureza fiscal, distorcendo a prática negocial.

Vale observar que o simples abandono dos postulados da legalidade estrita e tipicidade cerrada, sem uma profunda reforma no sistema, geraria ainda mais controvérsias.

Isso porque, no conflito de competência onde se disputam as fronteiras da incidência, qualquer alargamento da hipótese normativa gera uma sobreposição competencial. Imagine por exemplo que se admita, dentro dessa ideia, o alargamento do conceito de mercadoria para abarcar não somente as mercadorias físicas como também as digitais. Ao mesmo tempo, aplicando-se a mesma premissa, também se deveria admitir o alargamento do conceito de serviços para além das

---

[7] Parecer Normativo SF nº 1 de 18/07/2017 da municipalidade de São Paulo (SAAS como subitem 1.05, sujeito a ISS); Solução de Consulta nº 191 – Cosit da Receita Federal do Brasil (SAAS como serviço técnico, sujeito a IR Fonte, Cide e PIS/Cofins); Decisão Normativa CAT nº 4/17 da Sefaz/SP (SAAS como mercadoria digital, sujeita a ICMS).

obrigações de fazer. Nessa hipótese, não haveria solução possível para o enquadramento das ofertas de *software* por exemplo.

Veja-se neste sentido a esclarecedora posição de Mauricio Barros em artigo sobre a "servicificação de mercadorias":[8]

> Contudo, esses entendimentos casuísticos do poder judiciário, sem uma reflexão macro sobre o sistema tributário nacional como um todo, embaralham a discussão, na medida em que o alargamento das competências tributárias de Estados e Municípios, no altiplano da interpretação/concretização das regras constitucionais de competência, tem a tendência de agravar o conflito já instaurado entre ICMS e ISS no plano de aplicação da lei a casos concretos, com a lavratura de vultosos autos de infração. O raciocínio é simples: quanto mais os conceitos constitucionais são alargados, maior é a zona cinzenta que, no plano pragmático, fundamenta autuações conflitantes dos entes tributantes, quedando-se os contribuintes nesse injusto fogo cruzado.

5 Exemplo prático: o contrato de *blockchain* e outras ofertas

Diante do quadro acima, que demonstra a dificuldade de aferição do fato jurídico tributário digital e a inadequação das hipóteses normativas taxativas ou "cerradas", passa-se à análise dos efeitos práticos dessa anomalia. Dessa forma, será analisada a oferta de uma solução de *blockchain*, permeada por soluções de IOT (Internet das coisas), *cloud*, consultoria e desenvolvimento de sistemas.

O objetivo é escancarar a complexidade tributária de uma das mais promissoras tecnologias da atualidade, principalmente tendo-se em mente que, fosse o mesmo negócio realizado em um país com uma tributação do consumo baseada no IVA, bastaria acrescentar ao valor final da fatura uma alíquota previamente definida.

O que é um contrato de *blockchain*?

Blockchain é um conceito tecnológico com um potencial enorme de melhorar e trazer inovação para diversas áreas da economia, como serviços bancários, cadeia de suprimentos e logística e outras redes de negócios. O World Economic Forum em Davos estima que em 2027, 10% do PIB global já será estocado em *blockchain*. Somente em 2018,

---

[8] BARROS, Maurício. "Produtos como serviços" e os desafios da tributação de negócios disruptivos *Revista Fórum de Direito Tributário – RFDT*, Belo Horizonte, n. 94, 2003, p. 8.

houve mais de meio milhão de publicações sobre o tema e 3,7 milhões de pesquisas no Google sobre o assunto. Há um *hype* sobre o *blockchain*, com empresas e governos tentando entender o fenômeno e encontrar mecanismos para adaptar seu modelo de negócios à nova tecnologia.

Mas, o que é mesmo *blockchain*? Para que serve e por que empresas, governos e cidadãos precisam aprender sobre essa tecnologia?

Blockchain é uma tecnologia que descentraliza informações por meio de vários agentes certificadores que possuem incentivo para garantir a autenticidade das informações adicionadas à rede. Trata-se de um novo protocolo de confiança, onde a garantia da autenticidade dos dados não será dada por nenhum agente centralizado (como o governo), mas por vários agentes atuando de forma descentralizada.

O "*block*" é composto por um conjunto de números (*hash*) que é a representação criptografada de um determinado dado, que pode ser um *bitcoin*, um registro de imóvel, um dado médico ou mesmo uma informação pessoal. Assim, o software é o tipo *blockchain*, que vai criar a solução criptográfica para transformar um dado em um *hash*. Esses *blockchains* podem ser de diversos tipos, como *bitcoin*, Ethereum, Ripple, Phanton, e tantos outros. *Bitcoin blockchain*, por exemplo, é um tipo de *blockchain* que permite transferir *bitcoins*.

Esses *blocks* são ligados aos *chains*, que são os *hardwares*. São conjuntos de nódulos conectados mediante protocolo matemático. Esses protocolos matemáticos, chamados protocolos de consenso, são mecanismos de incentivo que vão motivar os diversos nódulos a certificar as informações. Há vários deles e variam de acordo com o tipo de *blockchain* escolhido. São exemplos de protocolos de consenso:

- (PoW) Proof of Work (Bitcoin)
- (PoS) Proof of Stake (Ethereum)
- (PoI) Proof of Importance (used in NEM)
- (PBFT) Practical Byzantine Fault Tolerance (Hyperledger Fabric)
- (FBFT) Federated Byzantine Fault Tolerance (Ripple, Stellar)
- (DPoS) Delegated Proof of Stake
- (PoET) Proof of Elapsed Time (Hyperledger Sawtooth)

Essas redes de *blockchain* estão constantemente crescendo à medida que novos blocos completos são adicionados de modo linear e cronológico por um novo conjunto de registros. Dessa forma, qualquer computador que esteja conectado a essa rede (nódulo – ou nó) tem a tarefa de validar e repassar transações, obtendo uma cópia da *blockchain* após o ingresso na rede. Assim, essa cadeia possui informação completa sobre os dados diretamente do bloco gênese até o bloco mais recentemente concluído. É como se fosse um livro-razão eletrônico.

Mas, se a ideia parece intuitiva, por que não surgiu antes? Havia problemas teóricos e técnicos para viabilizar essa solução e o *insight* veio com o *whitepaper* escrito por Satoshi Nakamoto em 2008. O grande *insight* foi a criação da prova do trabalho (*proof of work*), que estabeleceu uma certa dificuldade para que os blocos fossem agregados um a um, ao passo que instituiu uma recompensa para essa agregação. Essa recompensa (ou incentivo) seria viabilizada pela chamada mineração, que não tem nada a ver com minerar, mas com resolver um problema matemático, que é a questão do *hash*.

Outra solução engenhosa foi resolver o chamado problema dos generais bizantinos. Esse *puzzle* teórico supõe uma cidade que está sendo sitiada por generais bizantinos em posições diferentes de uma colina que os separam. Os generais têm que encontrar uma maneira de coordenar as informações entre eles para definir o momento adequado para atacar a cidade. O problema é que eles não têm como se comunicar sem a utilização de um mensageiro. Ocorre, no entanto, que os generais não acreditam uns nos outros, tampouco confiam no mensageiro, que pode, por exemplo, conluir com um dos generais com o intuito de trair os demais. Assim, a questão é: como fazer qualquer acordo com pessoas em quem você não confia?

Na arquitetura tradicional que utilizamos, essa confiabilidade é dada pelo Estado. Assim, mesmo que você assine um contrato com um estranho, se houver desavença, o Estado, via poder Judiciário, estará apto a promover o *enforcement*.

Nessa nova arquitetura, a confiança não é garantida pelo Estado, mas sim por uma rede descentralizada e autônoma, cuja arquitetura de governança é baseada em criptografia e protocolos matemáticos.

Essa é uma ideia geral sobre o funcionamento (a comunicação e armazenamento) no *blockchain*, mas há muitas nuances a explorar que vão além do escopo desse trabalho.

Outro ponto importante é que ao falarmos de descentralização, estamos também tratando de governança: Quem pode fazer o quê; Quem tem a propriedade da informação (chave privada x endereço público); Quem valida as informações (quais os parâmetros específicos de cada tipo de mineração). Nessa seara, aspectos mais técnicos do *blockchain* ganham relevo, como a diferenciação entre uma *blockchain* privada de uma *blockchain* pública, ou mesmo a análise sobre o conceito de DAOs e como funcionam os mecanismos de governança de *blockchains* (*off-chain, on-chain* ou híbridos).

Como dissemos, essa pauta refoge ao escopo desse texto, mas é relevante para o entendimento mais completo do assunto e cuja lacuna pode ser parcialmente suprida com as indicações bibliográficas no final do texto.

Dito isso, podemos constatar que a tecnologia provê as bases necessárias para uma contabilidade compartilhada e dinâmica, que pode ser aplicada para o registro de transações entre partes, gerando diminuição de riscos, aumento de confiança e economia de tempo e recursos, pela digitalização e automatização de processos e exclusão de terceiros intermediários.

Imaginemos uma grande empresa de logística que pretende implementar *blockchain* para sua cadeia logística, desde o produtor até o destino final, para transporte, por exemplo, de um carregamento de flores. Essa cadeia de suprimentos tem seu produtor na África e o produto final deverá ser entregue em um porto na Europa. Os participantes dessa cadeia seriam os produtores das flores, as transportadoras locais, as autoridades aduaneiras de origem, a empresa de logística, as autoridades aduaneiras do destino, a transportadora do destino e finalmente o adquirente da mercadoria.

Por se tratar de um carregamento de flores, os contêineres podem utilizar uma solução de IOT, integrada com a rede de *blockchain* que medirá sua temperatura durante o trajeto, de acordo com o estipulado contratualmente. Todos os participantes da rede poderão verificar, em tempo real, o implemento de cada elo dessa corrente via um aplicativo de celular hospedado em uma plataforma de SAAS.

Diante dos fatos acima, qual seria a tributação desse contrato de acordo com legislação atual?

A melhor prática recomendada no Brasil é que se identifique de forma mais detalhada possível a natureza jurídica da operação para que assim se possa identificar sua tributação adequada. No caso em análise, por se tratar de contrato complexo, com diversas operações, pode-se identificar a princípio 4 negócios principais: (i) consultoria (*design thinking* do desenho fundamental); (ii) desenvolvimento do sistema, (iii) oferta de IOT e (iv) SW em nuvem.

Diga-se que só a introdução deste tópico já justificaria uma reforma tributária ampla. Isso porque fosse o sistema baseado em uma alíquota única, o contrato poderia ser tributado de maneira uniforme, independentemente do quão complexo fosse e quantas operações o compusessem. Porém, atendendo-se a uma necessidade já imposta por nosso sistema de forma a evitar ao máximo a precificação e a tributação equivocadas, procurou-se "quebrar" o contrato de forma detalhada para isolar suas distintas "naturezas jurídicas".

Seria possível concluir que a partir da "correta" identificação das naturezas jurídicas das principais ofertas constantes deste contrato complexo, a segurança jurídica seria finalmente alcançada. Porém, conforme se demonstrará, mesmo após esse esforço inicial, as diferentes possibilidades de interpretação do contrato e tributação ainda são enormes.

Analisemos, separadamente, a tributação de cada uma das ofertas:

5.1 Consultoria

A consultoria é uma etapa preliminar na construção de uma rede de *blockchain*. Chamada comercialmente de *design thinking*, nesse momento se analisa o que se pretende com a construção da rede (a dor do cliente), quais as possibilidades tecnológicas e o nível de complexidade. Uma análise superficial nos levaria a concluir que essa etapa não geraria maiores indagações, sendo tributada por ISS e PIS/Cofins. Porém, ao se analisar quais seriam as alíquotas aplicáveis de ISS e PIS/Cofins, a complexidade da questão já passa a se revelar.

Nesse contexto, basta entendermos tratar-se de serviço de consultoria para definirmos a tributação desta parte do contrato? Ou para o bom atendimento da legislação fiscal e definição das alíquotas aplicáveis é necessário qualificarmos que tipo de consultoria seria?

Considerando a incompatibilidade da legislação de ISS com a legislação de PIS/Cofins, a qualificação da consultoria é completamente necessária. Explico:

A lista anexa à lei complementar prevê dois tipos diferentes de consultoria, cada qual com uma alíquota diferente (usaremos São Paulo como exemplo):

O item 1.06 da lista anexa à Lei Complementar nº 116 prevê em seu item 1.06 a Assessoria e Consultoria em Informática, em São Paulo alíquota de 2,9%, enquanto o item 17.01 prevê a Assessoria e Consultoria de qualquer natureza, com alíquota de 5%.

Nesse caso, para o ISS, estaríamos mais próximos do item 1.06, Assessoria e Consultoria de Informática.

E para o PIS/Cofins, qual seria a alíquota aplicável? Lembremos que o PIS/Cofins, no regime não cumulativo (para optantes do lucro real), com alíquota de 9,25% e direito a crédito, possui exceções com alíquota de 3,65% sem direito a crédito.

A controvérsia está no enquadramento ou não dessa parte da oferta na exceção disposta no artigo 10, inciso XXV da Lei nº 10.833/03:

> "XXV – as receitas auferidas por empresas de serviços de informática, decorrentes das atividades de desenvolvimento de *software* e o seu licenciamento ou cessão de direito de uso, bem como de análise, programação, instalação, configuração, assessoria, consultoria, suporte técnico e manutenção ou atualização de *software*, compreendidas ainda como *softwares* as páginas eletrônicas (Incluído pela Lei nº 11.051, de 2004)".

Ou seja, o que para fins de ISS se enquadra como consultoria de informática pode ser considerado para PIS/Cofins como consultoria de *software*? Há casos que poderiam se configurar como consultoria de informática para fins de ISS, mas que não se qualificam como consultoria de SW para fins de PIS/Cofins?

Ao nosso ver sim, pois o conceito de informática é muito mais abrangente do que o conceito de SW.

No caso em análise, pode-se dizer que o escopo principal do projeto é a construção de uma rede, que realmente terá como aspecto relevante o desenvolvimento de programas, ou *software*. Porém, há de se admitir que a consultoria vai além da simples concepção de um programa de computador, incluindo análises quanto à viabilidade de utilização de outras tecnologias, como IOT, nuvem, cadeias logísticas etc.

Assim, não se pode descartar a hipótese de que eventual fiscalização de PIS/Cofins descaracterizasse a receita correspondente a essa consultoria como derivada de uma consultoria de *software*, para enquadrá-la como uma consultoria de aspecto mais amplo, não restrita a *software*. Aplicar-se-ia então a regra geral de tributação de PIS/Cofins não cumulativo com alíquota de 9,25%.

Por outro lado, caso a opção fosse pela tributação a 9,25% no regime de não-cumulatividade, aproveitando-se créditos etapas passadas, poderia a autoridade fiscal entender tratar-se de receita derivada de consulta de SW, sujeita ao regime cumulativo, e assim glosar os créditos de PIS/Cofins eventualmente tomados.

Logo, podemos considerar que a etapa preliminar do projeto, uma simples reunião para desenho inicial da concepção da rede já está sujeita a uma controvérsia e risco fiscal de PIS/Cofins.

5.2 Desenvolvimento de sistema

Passando à próxima etapa do projeto, o desenvolvimento dos sistemas em si, a situação fica ainda pior, pois a legislação do ISS, nesse caso, não está somente em desarmonia com legislação do PIS/Cofins, mas está em conflito consigo mesma, vejamos:

5.2.1 ISS x ISS

Há três enquadramentos possíveis dessa etapa do projeto de acordo com a lista anexa à Lei Complementar nº 116/03, previstos nos itens.

1.01 – Análise e desenvolvimento de sistemas.
1.02 – Programação.
1.04 – Elaboração de programas de computadores, inclusive de jogos eletrônicos, independentemente da arquitetura construtiva da máquina em que o programa será executado, incluindo *tablets*, *smartphones* e congêneres (Redação dada pela Lei Complementar nº 157, de 2016).

Cabe dizer que a atividade de programação pode ser considerada como o núcleo dos três itens acima citados. Quais seriam então os limites e traços distintivos dos três itens? Muito se tem debatido tanto na doutrina quanto em decisões administrativas e judiciais. Porém, o fato é que por mais que contornos teóricos possam diferenciar conceitualmente esses itens, ao se analisar um projeto ou contrato concreto, as dificuldades são enormes.

Reconhecendo essa dificuldade na própria atividade fiscalizatória, a Prefeitura de São Paulo optou por unificar as alíquotas desses serviços, diante da impossibilidade de fazê-lo na prática em processos fiscalizatórios, que não raro terminavam com autos de infração não só questionáveis, mas objeto de contencioso puramente retórico ante a dificuldade de se produzir prova material.

No entanto, o fato de as alíquotas terem sido uniformizadas não significa o fim da insegurança jurídica, pois o enquadramento indevido em determinado item da lista anexa sujeita o contribuinte a multa de

50% do valor do imposto, independentemente de diferença de imposto a pagar (lei municipal da cidade de São Paulo, nº 13.476/02, artigo 14, inciso V, alínea a).

Para concluir, parece-nos que o item mais apropriado seria "análise e desenvolvimento de sistemas" por ser um contrato de *blockchain* mais abrangente do que uma simples atividade de programação ou a elaboração de um programa específico por encomenda, apesar de conter um pouco de ambos.

5.2.2 ISS x PIS/Cofins

Quanto à compatibilização entre o ISS e o PIS/Cofins, apresenta-se o problema no mesmo formato do ocorrido com a fase inicial do projeto, de serviços de consultoria. A exceção existente na Lei nº 10.833/03 para determinar a tributação de PIS/Cofins à alíquota de 3,65% se repete para atividades de "desenvolvimento de *software*".

Caso a opção para a tributação do ISS tenha sido "análise e desenvolvimento de sistemas" haveria um risco de o PIS/Cofins ser considerado como classificado equivocadamente?

Sim, pois bastaria ao fiscal considerar que um sistema é mais abrangente que a criação de um *software*, que com ele não se identifica completamente e que só seria correta esta classificação no caso de serviços de elaboração de programas (*software* por encomenda) e não para o desenvolvimento de sistemas, como os necessários à integração de uma rede de *blockchain*.

5.3 IOT

A solução de IOT, entre outras possibilidades, seria responsável por, mediante sensores, captar a temperatura dos contêineres, comunicando-se em tempo real com os participantes da rede via dispositivos móveis e até com outros sistemas, como Faturamento, Contas a Pagar etc.

As soluções de Internet das coisas poderiam ser classificadas, do ponto de vista da disponibilização da conexão, como serviços de telecom, sujeitas a alíquota de 25%?

Mas e se prestados por empresas que não são telecoms e não possuem rede de transmissão? Ainda assim seriam serviços de telecomunicação, ou poderiam ser enquadrados como serviços de processamento de dados e congêneres, conforme item 1.07 da lista anexa à Lei Complementar nº 116/03?

Aí está mais uma tecnologia muito promissora e que no Brasil já se inicia diante de uma grande dualidade e insegurança jurídica, conforme destaca Schoueri:[9]

> "Tendo isso em vista, verifica-se que a Internet das Coisas acaba por acirrar um problema já existente, qual seja, o conflito de competência entre ICMS e ISS. Ao fim e ao cabo, as relações contratuais devem ser segregadas caso apresentem mais de uma obrigação, pois podem implicar a ocorrência de mais de um fato jurídico tributário. Assim, com o crescente surgimento de objetos inteligentes, mais situações como a da Chamada de Emergência Inteligente poderão implicar a alocação das parcelas relativas à circulação de mercadorias e à prestação de serviço. Sem disposição contratual a esse respeito, Fiscos estaduais e municipais procurarão impor preços mínimos com o escopo de se chegar à base de cálculo do tributo em questão.

Além disso, pode surgir a dúvida se tais objetos inteligentes (e.g. roupas e carros) são instrumentos de um serviço de comunicação ao executar funções. Diante disso, alternativamente, poder-se-ia também cogitar que tais atribuições não passariam de um serviço de valor adicionado.

5.4 SAAS – usuário final

A oferta de SAAS poderia ser usada para, entre outras coisas, hospedar os aplicativos criados para acompanhamento dos elos da corrente de *blockchain* em tempo real, via dispositivo móvel. A disponibilização de *software* em nuvem é atualmente a campeã de controvérsias tributárias, em uma competição já muito acirrada.

Os três entes federativos (União, estados e municípios) têm entendimento diverso sobre a natureza jurídica dessa oferta.

Para os municípios, o fato de a oferta de SW ter migrado da mídia (CD) para o *download* ou para a nuvem não altera sua essência de cessão de direito de uso, conforme disposto no item 1.05 da lista anexa à LC nº 116 (Parecer Normativo SF nº 1, de 18/07/2017, da municipalidade de São Paulo).

---

[9] FARIA, Renato *et al*. *Tributação da economia digital*: desafio no Brasil, experiência internacional e novas perspectivas. Editora Saraiva, 2018, p. 253.

Já os estados, conforme convênio 106 e resposta CAT 4/17 da Sefaz/SP, entendem que ofertas de SAAS estão sujeitas à incidência do ICMS por se caracterizarem como comercialização de bens digitais.

A União Federal, por sua vez, entendeu, via resposta à consulta, que em hipótese de remessa ao exterior pela aquisição de SW em nuvem, a remessa seria classificada como uma importação de serviço técnico, sujeitando-a a tributação de Cide, IR Fonte e PIS/Cofins (Solução de Consulta nº 191 – Cosit da Receita Federal do Brasil).

Vale dizer que há outro entendimento da RFB acerca da aquisição internacional de licença de SW, determinando apenas a incidência do IR Fonte, havendo não-incidência de PIS/Cofins e isenção de Cide (Solução de Consulta nº 448/2017).

Assim, tendo havido uma alteração do meio pelo qual a funcionalidade do SW é adquirida ou acessada, alterou-se radicalmente a interpretação da Receita Federal sobre natureza jurídica e tratamento fiscal da operação.

5.5 SAAS – Pagamento pelos direitos de distribuição

Nessa hipótese, sendo o contrato entabulado entre filial brasileira de empresa estrangeira, haveria a necessidade de pagamento ao exterior, a título de direitos autorais, pela cessão dos direitos de distribuição do SW no Brasil. É o que permite à entidade brasileira ceder a licença de uso do SW ao cliente no Brasil.

Assim, haveria uma remessa internacional pela aquisição dos direitos de distribuição do SW, na modalidade SAAS. Nesse caso, o "importador"/"licenciado" adquire o direito de sublicenciar o direito ao acesso à funcionalidade do SW na nuvem, sendo vedado o direito de usá-lo em benefício próprio.

5.5.1 ISS – SAAS direitos de distribuição

O posicionamento das prefeituras ainda é uma incógnita, existindo grande possibilidade de que se considere, equivocadamente, a remessa como pagamento pela importação de licença de uso, ou até como um serviço de intermediação de negócios.[10] Isso porque tanto em São Paulo como no Rio de Janeiro há casos de autuações por remessas ao exterior de pagamento por direitos de distribuição de SW, sendo classificados, equivocadamente, como uma importação de licença de uso de SW (Apelação nº 0013078-82.2012.8.26.0053).

Repita-se, neste ponto, que o distribuidor ao adquirir e pagar pelo direito de distribuir/revender o SW fica proibido de utiliza-lo, eis que sua licença é de comercialização e não de uso, não sendo hipótese de incidência de ISS.[11] Porém, em interpretação deveras elástica do item 1.05, as prefeituras manifestaram entendimentos isolados pela equiparação dessa operação a uma importação de licença de uso.

5.5.2 ICMS – SAAS direitos de distribuição

Do ponto de vista do ICMS, a princípio, os estados também a veem como dentro de sua competência, porém, pelo disposto no convênio 106, somente a operação de venda ao usuário final de bens digitais seria tributada, estando neste caso diante de uma isenção por se tratar de etapa anterior à venda ao usuário final.

5.5.2 União Federal – SAAS direitos de distribuição

O posicionamento da Receita Federal nesse caso ainda é desconhecido, mas não livre de controvérsias. Projetam-se pelos menos duas possibilidades, ambas com alto grau de risco fiscal.

---

[10] IN SMF nº 16/12:
"Art. 19: A intermediação realizada para licenciamento ou cessão do direito de uso de programa de computador é fato gerador do ISS, nos termos do subitem 10.05 do art. 8 da Lei nº 691/1084, com as alterações da Lei nº 3.691/2003.
Parágrafo único: A procedência, nacional ou estrangeira, do programa de computador objeto de licenciamento ou cessão de direito de uso é irrelevante para efeito da incidência prevista no *caput*".
"Art. 21: A base cálculo do ISS incidente sobre os serviços de intermediação para licenciamento ou cessão de direito de uso de programa de computador é a comissão auferida pelo intermediário.
§ 1º. Entende-se por comissão o valor bruto auferido da operação deduzido do valor pago ao titular dos direitos autorais ou intermediário antecedente".

[11] Sobre o tema, muito embora não seja item pacífico nas administrações municipais, entendemos que nesta etapa do ciclo operacional não há incidência de ISS por ausência de expressa previsão na Lei Complementar nº 116/03 de item referente à "licença de comercialização". PISCITELLI, Tathiane; BOSSA, Gisele Barra (coord.). *Tributação da nuvem*: conceitos tecnológicos, desafios internos e internacionais. São Paulo: Revista dos Tribunais, 2018. p. 280.

A primeira delas seria na linha da resposta à consulta sobre SAAS (SL 191), tratando-a como serviços técnicos. Aparentemente existe um erro de fato na consulta. Apesar de a operação subjacente objeto da consulta ser efetivamente a cessão de direitos de distribuição de *software* em nuvem, a decisão parece ter considerado, em sua resposta, uma operação de cessão de uso de SW em nuvem, como se fora cedida diretamente ao usuário final.

Assim, a primeira possibilidade seria o tratamento dos direitos de distribuição como serviços técnicos, o que acarretaria brutal aumento de carga tributária para a distribuição de SW, com a adição de PIS/Cofins e Cide, além do IR Fonte.

A outra possibilidade é o tratamento da remessa como *royalties*, na linha do decidido na resposta à consulta 449/2017. O grande fator de insegurança jurídica perpetrado pela resposta à consulta é que ao alterar o critério jurídico, passando a considerar tal remessa como *royalties*, a RFB passou a entender tal custo como indedutível da base do Imposto de Renda pelo lucro real, se entre empresas coligadas.[12]

Assim, ambas as possibilidades de tributação federal para distribuição de SW em nuvem carregam grande insegurança jurídica.

6 Conclusão

O sistema tributário brasileiro vigente, baseado em tipicidade cerrada e definição de competências por materialidades, não é mais capaz de racionalmente prescrever uma tributação ordenada. Esse quadro se intensifica diante das ofertas da nova economia digital, ante seu caráter intangível e disruptivo. As velhas categorias constitucionais e legais não refletem as práticas negociais e transformam a busca pela natureza jurídica em uma atribuição de natureza fiscal deformadora da realidade.

Os exemplos acima demonstram como o sistema atual é gerador de insegurança jurídica e induz a um crescente contencioso tributário, afastando investimentos externos. Isso ratifica a necessidade de um sistema baseado na tributação sobre o valor agregado, com alíquota única e no destino, de forma a neutralizar a atual necessidade de tipificação

---

[12] Com relação ao pagamento de *royalties*, a recente Solução de Consulta Cosit 182, indicou que a indedutibilidade absoluta nas remessas entre sócios não se aplica quando entre empresas do mesmo grupo, sem vínculo societário direto.

de ofertas e separação de competências em razão dos segmentos da economia (comércio, indústria e serviços).

Referências

BARROS, Maurício. "Produtos como serviços" e os desafios da tributação de negócios disruptivos *Revista Fórum de Direito Tributário – RFDT*, Belo Horizonte, n. 94, 2003.

CARPINETI, Ana Carolina *et al*. O ISS sobre a produção, gravação e distribuição de filmes. JOTA. Disponível em: https://www.jota.info/opiniao-e-analise/artigos/o-iss-sobre-a-producao-gravacao-e-distribuicao-de-filmes-31012019. Acesso em: 21 maio 2019.

FARIA, Renato *et al*. *Tributação da economia digital*: desafio no Brasil, experiência internacional e novas perspectivas. Editora Saraiva, 2018, p. 253.

PISCITELLI, Tathiane; BOSSA, Gisele Barra (coord.). *Tributação da nuvem*: conceitos tecnológicos, desafios internos e internacionais. São Paulo: Revista dos Tribunais, 2018.

REZENDE, Fernando. Tributação de bens digitais: a disputa tributária entre estados e municípios. *In: Tributação dos bens digitais*: a disputa tributária entre estados e municípios. Notas sobre o Convênio ICMS 106/2017 e outras normas relevantes. Série Soluções n. 2, Editora Inhouse. FGV Direito SP.

SCHOUERI, Luís Eduardo; GALDINO, Guilherme. Internet das coisas à luz do ICMS e do ISS: entre mercadoria, prestação de serviço de comunicação e serviço de valor adicionado. *In*: FARIA, Renato *et al*. *Tributação da economia digital* – desafios no Brasil, experiência internacional e novas perspectivas. São Paulo: Saraiva, 2018.

Informação bibliográfica deste texto, conforme a NBR 6023:2018 da Associação Brasileira de Normas Técnicas (ABNT):

FERREIRA, Luiz Guilherme de Medeiros; NÓBREGA, Marcos. Tributação na economia digital no Brasil e o conflito de competência 4.0: perspectivas e desafios. *In*: NÓBREGA, Marcos (coord.). *Transformação digital e administração pública*: "o futuro não é mais como era antigamente". Belo Horizonte: Fórum, 2024. p. 135-158. ISBN 978-65-5518-649-9.

AS FORÇAS QUE MUDARÃO A ADMINISTRAÇÃO PÚBLICA PÓS-COVID: TRANSPARÊNCIA 2.0, BLOCKCHAIN E *SMART CONTRACTS*

MARCOS NÓBREGA
JULIANO HEINEN

1 Introdução

A pandemia causada pelo novo coronavírus retirou todos os habitantes do planeta da sua normalidade. Criou uma situação de vida extraordinária – o que parece ser um consenso. Esse impacto nas mais variadas relações sociais foi intenso, de modo que a humanidade tende a não ser mais a mesma. Então, o grande desafio perseguido atualmente consiste em saber como será este futuro pós-pandemia, enfim, como será o "novo normal". A pandemia tem, na verdade, funcionado como catalizador de transformações que estavam em curso e serão potencializadas nos arranjos institucionais e jurídicos que serão formatados após a crise.

A pandemia de covid-19 tem criado oportunidades para várias instituições e os desafios para o setor público são especialmente desafiantes. Assim, nessa crise, há espaço para as organizações (inclusive o Estado) serem mais ágeis, acelerando mudanças que soariam extremamente ousadas há pouco tempo. É importante, portanto, repensar a cultura organizacional, estabelecendo novas regras e métricas de produtividade, criando mecanismos que possibilitem adaptações mais rápidas em crises futuras.

Como bem demonstrado em artigo recente na *Harvard Business Review*, J. Peter Scoblic[1] usa os acrônimos VUCA (volatility, uncertainty, complexity and ambiguity) para explicar essa particular situação pós-pandemia. Certamente as relações econômicas serão mais voláteis e instantâneas, ao passo que a incerteza (nos termos do conceito de Frank Knight) será mais proeminente, coadunando-se com a ideia de complexidade, a saber, sistemas não lineares com dinâmica de não ergodicidade. Também são sistemas ambíguos, no sentido da sua indeterminação intrínseca.

Assim, com base na exploração dos acontecimentos atuais, pretende-se, neste texto, estabelecer algumas prognoses e desafios a serem enfrentados pelo Estado, no seu âmbito interno e externo, tomando por base o que se processa e as possibilidades enaltecidas pela dogmática econômica e jurídica. Por exemplo: as relações introversas e extroversas da Administração Pública deverão passar por uma clivagem, que parte da realidade modificada pela pandemia. Para tanto, selecionaram-se as três áreas afeitas ao setor público impactadas pelos atos normativos expedidos durante a pandemia (especialmente oriundos de medidas provisórias).

Assim, pretende-se explorar (1) como será o relacionamento do Estado para com o cidadão: cada vez mais instantâneo, veloz, transparente e digital. Neste último aspecto, pretende-se dizer (2) como foram estruturadas e quais serão as prognoses da estrutura estatal. Aqui, falar-se-á sobre a redefinição da contratação dos recursos humanos, da forma de prestação da atividade pública e de como, em todas as áreas, existirá cada vez mais um movimento disruptivo na implementação abrupta de ferramentas oriundas da tecnologia da informação, criando um espaço público completamente digital, ou seja, um *e-public*. Por conseguinte, (3) o movimento de ordenação administrativa, tão presente e intenso durante a crise (v.g. restrição das liberdades de ir e vir, do comércio, das atividades etc.) deverá ser repensado no período pós-crise. Para o desenvolvimento do trabalho, empregar-se-á o método de abordagem exploratório e crítico, utilizando-se da técnica de revisão bibliográfica, tendo em vista a opção de expor o tema a partir de premissas

---

[1] SCOBLIC, J. Peter. *Learning from the future*: How to make robust strategy in times of deep uncertainty. Harvard Business Review, p. 39, 2020.

teórico-dogmáticas relacionadas aos acontecimentos recentes, para se chegar às conclusões expostas ao final.

2 Relacionamento do Estado para com o cidadão

Há um caminho sem volta na implementação da transparência. Esse dever de informar, como determina o inciso XXXIII do artigo 5º da República Federativa do Brasil de 1988 deve ser realizado por todos os meios de comunicação tecnológicos existentes – na linha do que determina a Lei de Acesso à Informação (Lei nº 12.527/11). Conforme se percebe, diante de vários dispositivos da LAI, as ferramentas de tecnologia da informação são essenciais para se cumprir com as obrigações impostas.[2]

Nos tempos atuais, com o impacto causado pela covid-19, o emprego de uma "cultura da transparência digital e disruptiva" passou a ser uma realidade perene. Em outros termos, os órgãos de Estado passaram a divulgar os dados públicos em relação à pandemia usando vários mecanismos para permitir o acesso à informação,[3] por meio da divulgação de estatísticas, prognósticos, boletins etc., de forma que eles fizessem sentido à população – fossem essencialmente úteis – daí o movimento disruptivo.

É bem verdade que muitos entes públicos fizeram grandes avanços na transparência pública nessas décadas pós Constituição da República Federativa do Brasil de 1988. No caso dos municípios, por exemplo, sobretudo depois dos ditames da Lei de Responsabilidade Fiscal (Lei Complementar nº 101/00), foi garantido que todos os dados fiscais, a saber, informações sobre receitas, despesas, licitações, contratos, estarão nos portais de transparência dessas edilidades, dando acesso aos cidadãos para acompanhar e fiscalizar as ações do Poder público.

---

[2] SALES, Tainah Simões. Acesso à informação, controle social das finanças públicas e democracia: análise dos portais de transparência dos estados brasileiros antes e após o advento da Lei nº 12.527/2011. *Direito Público*. Brasília: IDP e IOB, ano IX, n. 48, p. 33-34, 2012.

[3] "[...] las nuevas tecnologías informáticas y telemáticas en el ámbito público no sólo posibilitan nuevas formas de interactuación entre la Administración y los administrados sino que permiten a los órganos públicos exhibir en tiempo real su accionar y así posibilitar nuevas formas de control y participación social" (DELPIAZZO, Carlos E. Triple dimensión del principio de transparencia en la contratación administrativa. *Revista Trimestral de Direito Público*. São Paulo: Malheiros, n. 46, p. 8, 2004).

Ocorre, no entanto, que, na prática, quase ninguém visita esses *sites* para checar as informações públicas, mesmo em período eleitoral. Essa "transparência 1.0" – vamos chamá-la assim – é estática, não interativa e pouco útil.

Pode-se fazer muito mais e a tecnologia já existente permite isso. Suponhamos que o Tribunal de Contas de um determinado estado decida um processo sobre os gastos de educação em determinado município, mais especificamente sobre gastos de merenda escolar. Essa decisão tem interesse direto sobre determinado conjunto de pais cujos filhos estudam nas escolas municipais. Assim, a Corte de Contas pode enviar informação customizada e personalizada para as redes sociais dos pais ou, até mais especificamente, para o WhatsApp® deles. Esse é um simples exemplo de uma "transparência 2.0", que é muito mais ágil, proativa e efetiva.

Trata-se de uma determinação importante para o fim de dar um maior alcance ao acesso à informação imediata e pragmática. A publicidade administrativa, sem dúvidas, ganhou um melhor padrão qualitativo a partir da inserção das novas tecnologias na divulgação das informações e dos atos administrativos.[4]

Essas novas tecnologias, aliás, causam um fenômeno ainda mais interessante, uma inédita maneira de as pessoas se relacionarem. No caso, gera-se uma nova maneira de o Estado se (inter)relacionar com cidadão, estabelecendo, da mesma maneira e como dito, novas formas de acesso à informação. Ferramentas como navegação hiperdocumental, caça de informações por meio de motores de busca ou agentes programados para refletir na navegação do usuário, que permitem uma exploração contextual, o uso de cartões de dados dinâmicos etc. causam uma sensível transformação em qualquer relação social.[5]

Esse desenvolvimento era paulatino e vem a cada dia permitindo uma maior e mais rápida divulgação das informações das entidades

---

[4] E isso é textualmente reconhecido pelo STF no julgamento da liminar da Suspensão de Segurança nº 3.902-SP: "Ao mesmo tempo, os novos processos tecnológicos oportunizaram um aumento gradativo e impressionante da informatização e compartilhamento de informações dos órgãos estatais, que passaram, em grande medida, a ser divulgados na Internet, não só como meio de concretização das determinações constitucionais de publicidade, informação e transparência, mas também como propulsão de maior eficiência administrativa no atendimento aos cidadãos e de diminuição dos custos na prestação de serviços." (STF, SS 3.902-AgR, Rel. Min. Ayres Britto, Pleno, j. 09/06/2011).

[5] LÉVY, Pierre. *Cibercultura*: informe al Consejo de Europa. Ciudad de México: Universidad Autónoma Metropolitana, 2007, p. 129.

públicas. Não é mais. Hoje, a partir de um clique no mouse, consegue-se obter dados úteis, como horários de atendimento de determinada repartição pública, a quantidade atual de infectados, características dos serviços prestados etc. Essa conjuntura aproxima o cidadão da administração pública e facilita o acesso aos serviços por ela prestados – daí porque há um movimento de transparência disruptivo e "2.0".

Além disso, o mesmo clique permite a democratização das funções administrativas, o que se deu especialmente a partir da vigência da LAI. Contidos, antes os organismos públicos eram obrigados a ter uma página na rede mundial de computadores e divulgar, ali, dados essenciais e acessíveis a qualquer cidadão, o que constitui um passo importante para a desburocratização, para a transparência, para a simplificação do controle social exercido sobre o aparato de Estado.[6] Hoje, ainda que não existisse essa obrigação, a divulgação *on-line* seria natural, seria imposta pelo contexto social etc.

Como se sabe, as ferramentas de tecnologia da informação geram uma celeridade sem precedentes no que se refere à comunicação entre as pessoas. Além disso, a troca de informações passa a ser pautada de forma massificada. Basta, para tanto, perceber o fenômeno causado pelas redes sociais ocorrido mais recentemente, palco de verdadeiros espaços de manifestação democrática. Por isso, um retrocesso nesse cenário, nessa metodologia, enfim, é um retrocesso em termos de democracia. Trata-se, visivelmente, de uma opção clara por um meio de difusão de informações célere e democrático, mesmo que muitos ainda não tenham acesso à rede mundial de computadores ou mesmo aos equipamentos de informática.[7]

---

[6] "A administração pública não utiliza a informática apenas no seu contacto com os cidadãos, procedendo ao tratamento de dados pessoais que lhe respeitam. Os seus funcionários e agentes também veem os seus dados pessoais tratados pela Administração [...]." (CASTRO, Catarina Sarmento. *Direito da informática, privacidade e dados pessoais*. Coimbra: Almedina, 2005, p. 190-191;

[7] "Por essas razões, as tecnologias de informação e comunicacção exercem um fortíssimo papel no aumento da fluidez ao lado das tecnologias de transporte e circulacção. Na medida em que são ampliados e padronizados os meios de comunicacção, bem como sua velocidade e qualidade operacional, as trocas de informações e as inter-relações das mais diversas naturezas são automaticamente facilitadas" (MARRARA, Thiago. Direito administrativo e novas tecnologias. *Revista de Direito Administrativo*. Rio de Janeiro: Fundação Getúlio Vargas, v. 256, p. 229, 2011). Sobre o tema, Juarez Freitas afirma que: "No que concerne ao princípio da publicidade ou da máxima transparência, quer este significar que a Administração há de agir de sorte a nada ocultar e, para além disso, suscitando a participação fiscalizatória da cidadania, na certeza de que nada há, com raras exceções constitucionais, que não deva vir a público. O contrário soaria como negação da essência do poder em sua feição pública. De fato e no plano concreto, o poder somente se legitima apto a se justificar em face de

3 Estado-digital e *e-public*

A pandemia vivenciada em 2020 também impôs uma diretriz em prol da ampliação da cultura da Administração Pública digital, fomentando o "Estado-digital" ou o que se chamará aqui de "*e-public*". Essa expansão tem como objetivo proporcionar maior controle social sobre os atos do Poder Público, mas, de outro lado, receber com celeridade e facilidade acesso aos serviços públicos. A diretriz mais sintética e pragmática dessa "nova Administração Pública" se pauta pela entrega de facilitadores ao cidadão. Então, o Estado passa a ir ao encontro do cidadão como facilitador de sua vida.

Essa "cultura", como todo bem metafísico dessa natureza, era implementada gradualmente. Não é mais e não pode ser mais assim. Para tanto, o Estado deverá proporcionar um ambiente sadio para o fomento dessa nova concepção. Veja que várias atividades podem ser implementadas para esse mister, como oficinas, cursos, material didático, treinamentos dos servidores que participarão diretamente do processamento dos serviços públicos etc. Enfim, o *e-public* consiste em determinar aos órgãos públicos a necessidade de popularizar um ambiente digital que esteja literalmente na palma da mão das pessoas que seguram um *smartphone*. Para tanto, o impacto da covid-19 demonstrou a todos que a relação entre a administração pública e os administrados mudou.

O controle social a ser desenvolvido nessa atual conjuntura, conforme uma espécie de "determinação social abrupta", é extremamente claro no contexto brasileiro. A população de certo não aceitará mais um Poder Público burocrático. E a *accountability* será praticada por um conjunto de ferramentas para permitir modos variados de prestações de contas, tanto em nível qualitativo como em nível quantitativo. E a *e-public* determina uma série de ferramentas digitais e cumpre com um importante papel no sentido de imprimir um melhor desempenho no controle social da coisa pública.

Em verdade, o "Estado-digital" pode ser visto muito mais como um produto final do "novo normal", ou seja, alcançar-se-á um controle social ainda maior no que se refere às atividades estatais. Controle esse

---

seus legítimos detentores, mais do que destinatários" (*O controle dos atos administrativos e os princípios fundamentais.* São Paulo: Malheiros, 1999, p. 70).

exigido pelo padrão democrático adotado pela nação brasileira a partir da massificação e da facilitação do acesso aos dados públicos.

Para a compreensão dessa reviravolta digital a ser operada nos tempos que seguirão, tomar-se-ão por base alguns exemplos. Os movimentos de compra e venda, de transmissões de posse e até mesmo as validações, ou seja, as transações que acontecerão dentro dos blocos do *blockchain*[8] podem ser consideradas contratos, já que contêm todas as informações possíveis para realizar transferências de posse.[9]

Importante neste ponto fazer a ressalva de que o termo "transação" é aqui utilizado no sentido comum, designando "[...] todo e qualquer tipo de negócio, especialmente os de compra e venda de bens. É qualquer convenção econômica, sobretudo de natureza comercial. (...) transação comercial, bancária, na Bolsa (...)".[10] E não no sentido técnico-jurídico do termo, que seria "[...] negócio jurídico bilateral, pelo qual as partes previnem ou terminam relações jurídicas controvertidas, por meio de concessões mútuas".[11] Com essa ideia de que as transações ocorridas no *blockchain* se assemelham a contratos, foram desenvolvidos os *smart contracts* (contratos inteligentes) executados pela ferramenta.

Os contratos inteligentes são descrições legíveis de ações por parte da máquina envolvida no processo. Basicamente, são programas de computador que utilizam a linguagem de programação do *blockchain* e têm a capacidade de executar esses códigos, formalizando negociações entre duas ou mais partes, prescindindo de intermediários centralizados. Com isso, poderão ser formalizados *smart contracts*, os quais espelham códigos de programação utilizados em um *blockchain* e que determinam as suas regras de funcionamento, as ações que são permitidas, as transações que cada usuário pode realizar. Em verdade, automatizam pretensões a partir de acontecimentos.[12]

---

[8] NÓBREGA, Marcos; MENEZES, Rafael de. *Desenvolvimento disruptivo*: inquietações sobre mudanças que já chegaram. Paradoxum, 2018 (*e-book* não paginado). KATZ, Jonathan; LINDELL, Yehuda. *Introduction to modern cryptography*. Boca Raton: CRC PRESS, 2007.

[9] DRESCHER, Daniel. *Blockchain básico*: uma introdução não técnica em 25 passos. Novatec Editora, 2018 (*e-book* não paginado), posição 4.000.

[10] GONÇALVES, Carlos Roberto. *Direito civil brasileiro*: contratos e atos unilaterais. São Paulo: Saraiva, 2011, v. 3, p. 573.

[11] Ibidem.

[12] CARDOSO, Bruno. *Contratos inteligentes:* descubra o que são e como funcionam. 2018. Disponível em: https://brunonc.jusbrasil.com.br/artigos/569694569/contratos-inteligentes-descubra-o-que-sao-e-como-funcionam. Acesso em: 2 ago. 2019. Apesar de ser chamado de "contrato", ele é diferente de um contrato jurídico padrão porque ele é capaz de

Basicamente, os "contratos inteligentes" possuem o seguinte funcionamento: um contrato é escrito como código em um sistema de *blockchain*, permanecendo registrado nos blocos. Quando determinado evento pré-determinado ocorre, o contrato é executado nos termos codificados. Pode ser estipulada uma forma de pagamento que se concretiza assim que há a transferência de bens ou que são cumpridas condições preestabelecidas. Por exemplo, o contrato inteligente pode determinar o envio de pagamento assim que chega a encomenda. Uma empresa pode enviar um sinal via *blockchain* de que um bem foi recebido ou o produto pode ter GPS que enviaria sinais atualizados e constantes da locação, de modo que tão logo seja recebido, é feito o pagamento de forma automática.[13]

Os contratos inteligentes ou autoexecutáveis poderão servir à diminuição dos custos de informação e das externalidades econômicas para se viabilizar formalmente sua execução, na medida em que são capazes de remover as despesas gerais administrativas. Caberá ao Poder Público contratante, essencialmente, programar as condições de um contrato, para automaticamente as obrigações serem executadas (v.g. liberação de garantias, de valores relativos ao pagamento etc.).

Além da autoexecutoriedade, o contrato inteligente permite que ambas as partes observem o desempenho do contrato, se ele foi executado e quando. E essa não é uma miríade, porque plataformas como a Ethereum® já franqueiam o desenvolvimento de *smart contracts*, empregando a tecnologia do *blockchain*, tudo incorporado a um determinado algoritmo.[14]

Outra questão que poderia ser resolvida com uso de contratos inteligentes é a arbitragem. Um árbitro com uma terceira chave poderia acessar facilmente os detalhes de uma transação e resolver uma disputa com alguns cliques. Como ressaltado por Bruno Cardoso,[15] o

---

obter informações, de processá-las e de tomar as ações devidas de acordo com as regras estabelecidas.

[13] IANSITI, Marco; LAKHANI, Karim, R. *The truth about blockchain*. Harvard Business Review, 2017. Disponível em: https://hbr.org/2017/01/the-truth-about-blockchain. Acesso em: 30 jun. 2019.

[14] GATES, Mark. *Blockchain*: ultimate guide to understanding blockchain, bitcoin, cryptocurrencies, smart contracts and the future of money. Wise Fox Publishing, 2017 (*e-book* não paginado – posição 487).

[15] CARDOSO, Bruno. *Contratos inteligentes*: descubra o que são e como funcionam. 2018. Disponível em: https://brunonc.jusbrasil.com.br/artigos/569694569/contratos-inteligentes-descubra-o-que-sao-e-como-funcionam. Acesso em: 2 ago. 2019.

grande entrave ao advento dos contratos inteligentes é a falta de um marco legal. Com ele, todo o processo de criação, implementação e execução dos contratos inteligentes será mais fácil e atraente para os empreendedores.

Há, no entanto, pontos irresolutos na doutrina jurídica sobre esses contratos: São realmente contratos? E se erros forem cometidos? E a questão da territorialidade? E os postulados da manifestação da vontade nesses contratos? Seriam escritos por advogados com entendimento de algoritmos ou por programadores? E o problema jurídico do "erro" e dos vícios de vontade? São todos temas que fogem ao escopo deste texto, mas que devem ser tratados com urgência pelos operadores do Direito, sob pena de mal se compreender e se subutilizar esse importante instrumento de modernização da prática contratual.

4 Ordenação administrativa pós-crise

A evolução do Direito Administrativo influencia e é influenciada pelos câmbios da Administração Pública. Até aqui, em síntese, são fases evolutivas da Administração Pública o absolutismo, o estatismo e a democracia. No absolutismo, prevalecia o interesse do rei, já no estatismo prevalece o interesse do Estado, caracterizando a administração burocrática. A fase democrática trata daquela em que há a participação da sociedade, caracterizando-se como administração gerencial.[16]

Não será mais assim, definitivamente. Haverá um "estado de coisas" tão diferente pós-pandemia que imporá uma nova "postura", "cultura", "atitude" (como se queria dizer) do Estado. A pandemia revelou que o "admirável mundo novo" pós-covid-19 deverá contornar a crise de governabilidade.

Uma série de desafios são evidentes e deverão ser resolvidos: (a) maior sobrecarga de demandas; (b) maior conflitualidade social; essas duas circunstâncias não existiam em regimes autocráticos, pois esses conflitos costumavam ser reprimidos pelo poder estatal; por fim (c) a desconcentração de poder, que possibilita a concorrência entre os centros de poder.

E o que é mais extraordinário: o Estado ausente pode não ser mais demandado para se fazer presente em determinados papéis que

---

[16] MOREIRA NETO, Diogo de Figueiredo. *Mutações do Direito Administrativo*. Rio de Janeiro: Renovar, 2001, p. 17.

desempenha, porque a sociedade se organizará para cumprir essas tarefas. O *by-pass* será inerente. Exemplifica-se: serviços públicos de má-qualidade serão naturalmente prestados pelo mercado, o qual poderá estabelecer suas regras de preço e de qualidade. E isso, antes da pandemia, foi visto no setor de transporte de pessoas, que passou a ser disseminado por aplicativo; no setor de rádio e difusão, com sistemas autorregulados como o Spotify®; no setor de telefonia, abalado pelos mecanismos como o WhatsApp®, e assim por diante.

Esse "admirável mundo [nem tão] novo" foi agudizado na pandemia. A virtualidade das coisas foi imposta de inopino. É certo que nem tudo será como era na pandemia, ou seja, a "virtualidade radical" imposta pelo confinamento será abrandada, mas não eliminada. Significa dizer que a natureza das coisas coage a migração do "Estado analógico" para o "Estado digital". E se isso não acontecer, em muitas situações, haverá o *by-pass*. Por isso, a mudança já não precisa de uma "guerra social"[17] porque a sociedade, em muitos casos, como referido, pode se organizar a par do Estado.

De outro lado, o Estado passará por uma revolução técnica. Em outras palavras, o período pós-covid-19 terá uma admirável reverência à técnica e à expertise. A profissionalização, a busca da redução da burocracia na administração pública,[18] a exigência de conhecimentos técnicos e específicos que demandam essa atividade gerencial do Estado serão marcantes na tomada de decisão administrativa. Aliás, foi a técnica a tônica do julgamento do STF ao apreciar os critérios da Medida Provisória nº 966.[19] A suprema Corte fixou as seguintes teses: "1. Configura erro grosseiro o ato administrativo que ensejar violação ao direito à vida, à saúde, ao meio ambiente equilibrado ou impactos adversos à economia, por inobservância: (i) de normas e critérios científicos e técnicos; ou (ii) dos princípios constitucionais da precaução e da prevenção". E arrematou: "2. A autoridade a quem compete decidir

---

[17] Como é explicado por Bobbio (BOBBIO, Norberto. *As ideologias e o poder em crise*. Brasília: UnB, 1999, p. 62). Sobre a crise do Estado no Brasil, conferir: BOLZAN DE MORAIS, Jose Luis. *As crises do Estado e da Constituição e a transformação espaço-temporal dos direitos humanos*. Porto Alegre: Livraria do Advogado, 2011; MELLO FRANCO, Afonso Arinos de. *A evolução da crise brasileira*. São Paulo: companhia Editora Nacional, 1965, destaque à p. 129 e ss.

[18] MOREIRA NETO, Diogo de Figueiredo. *Mutações do Direito Administrativo*. Rio de Janeiro: Renovar, 2001, p. 22.

[19] Tal ato normativo foi editado pelo Presidente da República durante a pandemia de 2020, causada pela covid-19, e tinha por conteúdo estipular uma série de balizas normativas quanto à definição do "erro grosseiro" na responsabilização dos agentes estatais. Tal Medida Provisória não teve trânsito no Congresso Nacional.

deve exigir que as opiniões técnicas em que baseará sua decisão tratem expressamente: (i) das normas e critérios científicos e técnicos aplicáveis à matéria, tal como estabelecidos por organizações e entidades internacional e nacionalmente reconhecidas; e (ii) da observância dos princípios constitucionais da precaução e da prevenção, sob pena de se tornarem corresponsáveis por eventuais violações a direitos".[20]

Atualmente, a Administração Pública é uma organização complexa. Além de ser titular de atividades típicas de Estado, atua, direta ou indiretamente, no setor financeiro, agrícola, industrial, econômico etc. Nos dias futuros, diferentemente de tempos passados, a abordagem da administração e sua relação com a sociedade traz consigo a necessidade de incorporar a cientificidade, como o rendimento dos serviços, avaliação de seus custos etc. Para tanto, exige-se da gestão pública contemporânea uma competência técnica dos funcionários. Ela, é claro, deve ser mais avançada, mais especializada, mais variada. A sociedade reclama por efetividade das ações de Estado[21] na mesma medida que essa eficiência é percebida em outros setores da sociedade. Isso desperta a atenção ao estudo de como reconstruir, sempre e sempre, a organização administrativa e seu modo de atuação.[22] E se assim o é, essa reconstrução perpassa pela revisão dogmática do próprio Direito Administrativo.[23]

Então, tal contexto fomenta o que se conhece por "Administração Pública gerencial" ou "Administração Pública de resultados". Inovações serão naturalmente visualizadas. A rigor, a implementação da "Administração Pública gerencial" compreenderá concretizar, entre outras medidas: (a) a necessidade de definir metas de desempenho, com o seu respectivo monitoramento; (b) a descentralização dos centros de poder; (c) a necessidade perceber o administrado como um beneficiário do exercício das funções públicas – como um usuário do sistema –, e não como apenas um contribuinte; (d) a racionalização de recursos; (e) a busca do exercício de uma função administrativa eficiente;[24] (f) o estabelecimento de mecanismos de prevenção e de precaução; (g) a

---

[20] STF, Informativo nº 978.
[21] Expressão vista em sentido amplo.
[22] GORMLEY, W. Statewide remedies for public underrepresentation in regulatory proceedings. *Public Administration Review*, n. 41, p. 454-462, 1981.
[23] HEINEN, Juliano. *Curso de direito administrativo*. Salvador: Juspodivm, 2020, p. 77.
[24] SPASIANO, Mario R. *Funzione amministrativa e legalità di risultato*. Torino: Giappichelli, 2003, p. 255 e ss.

necessidade de uma visão de completude no que se refere às instituições públicas, percebendo os macroprocessos; (h) a incorporação das tecnologias e técnicas contemporâneas de gestão pública; (i) o abandono do "planejamento ocasional"; (j) a implementação de mecanismos de avaliação, na linha da administração de resultados; (l) a implementação de uma Administração Pública sustentável.[25]

Muitas outras áreas da política pública são direcionadas para controlar ou orientar o comportamento das empresas e dos cidadãos, incluindo políticas de saúde e segurança, políticas ambientais e políticas sociais. Mas não será possível falar sobre a ordenação social sem considerar as políticas ambientais (onde subsídios e incentivos financeiros são frequentemente usados para incentivar mais decisões de produção e consumo ambientalmente amigáveis).[26] Nem é possível considerar a regulamentação da sociedade sem considerar questões sobre saúde e segurança. Na agenda do Estado, haverá pauta para as políticas de inclusão social, como o fornecimento de acesso universal a determinados serviços. Essa preocupação com inclusão social está presente, por exemplo, na regulamentação das telecomunicações, onde se destacam as políticas de "banda larga para todos" que são adotadas em todo o mundo.[27]

5 Conclusões

A pandemia causada pela Covid-19 determinou modificações substanciais no comportamento, na cultura, nas organizações etc. E o Estado não ficou à margem dessa metamorfose. A importância de se compreender esse panorama é nodal, na medida em que se consegue programar a organização estatal e as atividades administrativas a se adaptar aos câmbios sociais, políticos e culturais.

Assim, a análise feita compreendeu três pontos centrais nesse aspecto, ampla e claramente percebidos como nodais nessa mudança – daí porque a escolha desses temas. Primeiro, a transparência é determinada e protegida pelo art. 5º, inciso XXXIII, da CF/88 e pela Lei de Acesso

---

[25] Tratou-se do tema em: HEINEN, Juliano. *Op. cit.*, p. 85.
[26] SHAVELL, S. Liability for harm versus regulation of safety. *Journal of Legal Studies*, n. 13, p. 357-374, 1984.
[27] Conforme exposição de: DECKER, Christopher. *Modern economic regulation*. An introduction to theory and practice. Cambridge: Cambridge University Press, 2015 (*e-book* não paginado, introdução).

à Informação (Lei nº 12.527/11). Mas isso já não mais basta, porque os câmbios sociais tão rápidos reclamam que essas informações públicas façam sentido e mudem a vida dos cidadãos. Portanto, a informação deve deixar de ser estática para ser dinâmica. Deixar de ser passiva para se tornar ativa e impactar positivamente na vida das pessoas. Bancos de dados que podem ser acessados livremente são uma etapa do desenvolvimento da transparência, que deve ser complementado por uma ação administrativa que leve essas informações ao cidadão de modo que elas façam sentido e auxiliem na melhoria de suas vidas.

Por conseguinte, é impensável que qualquer organização – notadamente as de direito público – não tome em conta e aplique as novas tecnologias. Elas são e serão cada vez mais facilitadoras da ação administrativa. E, presente essa compreensão, passou-se a tratar dos desafios que se apresentam. Exemplificou-se essas complexidades a partir de ferramentas como o *blockchain* e os *smart contracts*.

Em terceiro lugar, compreendeu-se que a ordenação das coisas públicas deverá ser revista, em todas as suas feições: regulação, fiscalização sancionamento. Primeiro porque não se pode mais pensar em uma Administração Pública desconectada de um maior ou menor grau de consenso com o cidadão, na construção da própria ordenação pública. Exemplo disso está na Lei nº 13.848/2019, que determinou a preservação de audiências públicas e da edição de Análise de Impacto Regulatório a cada ato normativo expedido por uma agência reguladora federal.

Sendo assim, a perspectiva atual e futura redefine as inúmeras medidas e formas de intervenção do Estado na vida cotidiana das pessoas. O Estado deverá cada vez mais "fazer sentido" e se destinar, de uma maneira ou de outra, a orientar ou controlar o comportamento de uma empresa ou indivíduos. As mudanças causadas pela covid-19 impactam a estrutura da Administração Pública (perspectiva introversa) e a sua relação com o cidadão (perspectiva extroversa), exigindo que se realizem atividades diferentes em uma cadeia de suprimentos ou exigindo que o acesso às instalações de infraestrutura seja fornecido a partir do uso das novas tecnologias.

O Estado é indispensável à vida moderna e continuará sendo – e a covid-19 provou isso, na medida em que as grandes políticas públicas de enfrentamento à pandemia foram capitaneadas e/ou promovidas por ele. É preciso imaginar apenas uma redefinição de sua organização e de suas atividades, reposicionando-o no contexto social, a se tornar onipresente – todos os dias consumimos pelo menos alguns, se não todos os serviços discutidos neste trabalho, tanto diretamente, como clientes de varejo, quanto indiretamente, por meio da prestação por interposta pessoa.

Referências

BOBBIO, Norberto. *As ideologias e o poder em crise*. Brasília: UnB, 1999.

BOLZAN DE MORAIS, Jose Luís. *As crises do Estado e da Constituição e a transformação espaço-temporal dos direitos humanos*. Porto Alegre: Livraria do Advogado, 2011.

CARDOSO, Bruno. *Contratos inteligentes*: descubra o que são e como funcionam. 2018. Disponível em: https://brunonc.jusbrasil.com.br/artigos/569694569/contratos-inteligentes-descubra-o-que-sao-e-como-funcionam. Acesso em: 2 ago. 2019.

DECKER, Christopher. *Modern economic regulation*. An introduction to theory and practice. Cambridge: Cambridge University Press, 2015.

DELPIAZZO, Carlos E. Triple dimensión del principio de transparencia en la contratación administrativa. *Revista Trimestral de Direito* Público. São Paulo: Malheiros, n. 46, p. 5-14, 2004.

DRESCHER, Daniel. *Blockchain básico*: uma introdução não técnica em 25 passos. Novatec Editora, 2018.

GATES, Mark. *Blockchain*: Ultimate guide to understanding blockchain, bitcoin, cryptocurrencies, smart contracts and the future of money. Wise Fox Publishing, 2017.

GONÇALVES, Carlos Roberto. *Direito Civil brasileiro*: contratos e atos unilaterais. São Paulo: Saraiva, 2011, v. 3.

GORMLEY, W. Statewide remedies for public underrepresentation in regulatory proceedings. *Public Administration Review*, n. 41, p. 454-462, 1981.

HEINEN, Juliano. *Curso de Direito Administrativo*. Salvador: Juspodivm, 2020.

IANSITI, Marco; LAKHANI, Karim, R. The truth about blockchain. *Harvard Business Review*, 2017. Disponível em: https://hbr.org/2017/01/the-truth-about-blockchain. Acesso em: 30 jun. 2019.

KATZ, Jonathan; LINDELL, Yehuda. *Introduction to modern cryptography*. Boca Raton: CRC PRESS, 2007.

MELLO FRANCO, Afonso Arinos de. *A evolução da crise brasileira*. São Paulo: companhia Editora Nacional, 1965.

MOREIRA NETO, Diogo de Figueiredo. *Mutações do Direito Administrativo*. Rio de Janeiro: Renovar, 2001.

NÓBREGA, Marcos; MENEZES, Rafael de. *Desenvolvimento disruptivo*: inquietações sobre mudanças que já chegaram. Paradoxum, 2018.

SALES, Tainah Simões. Acesso à informação, controle social das finanças públicas e democracia: análise dos portais de transparência dos estados brasileiros antes e após o advento da Lei nº 12.527/2011. *Direito Público*. Brasília: IDP e IOB, ano IX, n. 48, p. 29-47, 2012.

SCOBLIC, J. Peter. Learning from the future: how to make robust strategy in times of deep uncertainty. *Harvard Business Review*, 2020.

SHAVELL, S. Liability for harm versus regulation of safety. *Journal of Legal Studies*, n. 13, p. 357-374, 1984.

SPASIANO, Mario R. *Funzione amministrativa e legalità di risultato*. Torino: Giappichelli, 2003.

Informação bibliográfica deste texto, conforme a NBR 6023:2018 da Associação Brasileira de Normas Técnicas (ABNT):

NÓBREGA, Marcos; HEINEN, Juliano. As forças que mudarão a Administração Pública pós-Covid: transparência 2.0, *blockchain* e *smart contracts*. *In*: NÓBREGA, Marcos (coord.). *Transformação digital e administração pública*: "o futuro não é mais como era antigamente". Belo Horizonte: Fórum, 2024. p. 159-173. ISBN 978-65-5518-649-9.

Mariana Melo
Bacharel em Direito pela UFAL. Professora. Advogada.

Nubia Castilhos
Procuradora da Fazenda Nacional. Mestranda em Direito Constitucional pelo IDP/Brasília. *E-mail*: nubianette@gmail.com.

Esta obra foi composta em fonte Palatino Linotype, corpo 10
e impressa em papel Chambril Avena 70g (miolo) e
Supremo 250g (capa) pela Gráfica Star7.

SOBRE OS AUTORES

Diljesse de Moura Pessoa de Vasconcelos Filho
Bacharel pela Faculdade de Direito do Recife – UFPE. Mestrando em Direito – UFPE. Advogado.

Felipe Melo França
Graduado em Direito pela Faculdade de Direito do Recife da Universidade Federal de Pernambuco. Pós-graduado em Liderança para Competitividade Global pela McDonough School of Business da Georgetown University. Vice-Presidente da ABCB – Associação Brasileira de Criptomoedas e *Blockchain*.

Jose Roberto Afonso
Pós-doutorado em Administração Pública. Doutor e mestre em Economia. Professor do Instituto Superior de Ciências Sociais e Políticas da Universidade de Lisboa – ISCSP e do Instituto Brasileiro de Ensino, Desenvolvimento e Pesquisa – IDP. *E-mail*: joserobertoafonso@edu.ulisboa.pt

Juliano Heinen
Doutor em Direito pela UFRGS. Mestre em Direito pela UNISC. Professor titular de Direito Administrativo da Fundação Escola Superior do Ministério Público (FMP). Professor de Pós-Graduação e Direito (UNIRITTER, UCS e UNISC). Professor da Escola Superior da Magistratura Federal (ESMAFE), da Escola da Magistratura do Estado Rio Grande do Sul (AJURIS) e do Estado do Rio Janeiro (EMERJ), da Escola Superior de Direito Municipal (ESDM). Procurador do Estado do Rio Grande do Sul. Acesse: www.julianoheinen.com.br.

Luiz Guilherme de Medeiros Ferreira
Bacharel em Direito pela Universidade Mackenzie. Especialista em Direito Tributário pela PUC/SP. Ex-conselheiro do CARF. Coordenador do Comitê de Tributação da Brasscom. Advogado em São Paulo.

Marcos Nóbrega
Graduado em Administração (1987-1991) pela Universidade Católica de Pernambuco. Graduado em Ciências Econômicas (1987-1991) e em Direito (1993-1997) pela Universidade Federal de Pernambuco (UFPE). Pós-graduado em Direito Financeiro e Controle Externo (1998) pela Universidade de Pernambuco (UPE). Mestre em Direito (1999-2002) e Doutor em Direito (2002-2005) pelo Programa de Pós-Graduação em Direito da UFPE. Realizou dois pós-doutoramentos, pela Harvard Law School e Kennedy School of Government (Harvard University) e pela Universidade de Direito de Lisboa (FDUL).